Semi Hassine

BOCK AUF HANDFESTES ESSEN

Semi Hassine

BOCK AUF HANDFESTES ESSEN

Einfach & gut: von Currywurst bis Shakshuka

südwest

INHALT

Intro

Ein Pott mit vielen Zutaten 9

Vorab und zwischendurch 13

CURRYWURST ORIENT-STYLE – Merguez mit orientalischer Currysauce und Koriandermayonnaise 15

GEFÜLLTE BRICKTASCHEN – Tunesische Teigtaschen gefüllt mit Thunfisch 16

GARNELEN UND PULPO mit Couscous 19

MATJES auf Bohnen-Kartoffel-Salat 20

GERÄUCHERTES LACHSTATAR mit Reibeküchlein und Meerrettich 22

KARAMELLISIERTER ZIEGENFRISCHKÄSE mit Feigendressing 25

LASAGNE VON HATTINGER BLUTWURST mit Zwiebelmarmelade und Apfelchutney 27

FEIGEN-DATTEL-DIP mit frischem Brot 28

BEEF-TATAR KLASSISCH ANDERS mit Avocado und Passionsfrucht 30

LEICHTER SPARGELSALAT und Saiblingsfilet 35

GEBRATENE GÄNSELEBER mit Feldsalat 36

CREMIGE BURRATA mit buntem Tomatensalat 39

Mindestens ein Süppchen 43

SCHARFE HÜHNERSUPPE mit Kokos und Koriander 44

CHORBA – Pikante Suppe mit Fisch 47

KARTOFFELSCHAUMSUPPE mit Räucherlachs und Schnittlauch 48

EXOTISCHE KÜRBISCREMESUPPE 50

SPARGELSCHAUMSUPPE mit Bärlauchpesto in zwei Varianten 5 3

KRÄFTIGE RINDERBRÜHE mit Wurzelgemüse 54

BLITZ-ROTE-BETE-SUPPE 56

Salat & Co. 61

KICHERERBSENSALAT mit Feta **62**

KIMCHI – Pikanter fermentierter Chinakohl **65**

WILDKRÄUTERSALAT mit karamellisiertem Ziegenkäse und Traubenvinaigrette **66**

SLATA MESCHWIA – Feuriger Grillgemüsesalat mit Thunfisch und Ei **69**

BROKKOLI-TABOULÉ mit Bulgur und Minze **70**

ROTKOHLSALAT mit Birne und Cranberrys **73**

In der Hauptsache 77

GESCHMORTE OCHSENBÄCKCHEN mit Kartoffelstampf **78**

SONNTAGSBRATEN MAGHREB-STYLE – Hühnchen, Rind und Couscous **81**

GRÜNKOHL WESTFÄLISCH **82**

GEBACKENER KABELJAU mit Kartoffel-Gurken-Salat **84**

GESCHMORTE LAMMHAXE mit Kartoffelpüree und Gremolata **87**

SEMIS MASSAMAN-CURRY-BEEF **88**

MAKROUNA SALSA – Pikante Pasta mit viel Sauce **90**

KNUSPRIG GEBRATENES WOLFSBARSCHFILET (The Taste 2018) **93**

GEGRILLTES TOMAHAWK STEAK VOM RIND mit geflämmtem Lauch **94**

PASTA PAPPARDELLE mit Garnelen **97**

GESCHMORTES KURKUMA-OFENHÜHNCHEN **98**

FRICASSÉE TUNISIENNE – Gebackene Teigtaschen zum Selberfüllen **101**

KLASSISCHER GÄNSEBRATEN mit Maronen-Orangen-Creme **102**

SHAKSHUKA mit Merguez **109**

STEAK SANDWICH **110**

INHALT

Semi Finale 115

MOUSSE AU CHOCOLAT mit Erdbeerragout und Kürbiskernkrokant **116**

VANILLE-CRÈME-BRÛLÉE mit Beerensalat **119**

INGWER-MUFFIN mit Feige und Walnuss **120**

SAFTIGE SCHOKOLADEN-DATTEL-TARTE mit Mango und Passionsfrucht **122**

ROTE GRÜTZE mit Vanillesauce **124**

GERÖSTETER NUSSBROWNIE **127**

SCHICHTDESSERT von Nougat, Schokolade, Aprikose und Nüssen **129**

Kleine Kochschule 133

EINE BEIZE FÜR ALLE FÄLLE **134**

BLITZ-VINAIGRETTE **135**

BASIC-GEFLÜGELBRÜHE **136**

BLITZ-HOLLANDAISE UND -BÉARNAISE **137**

CURRYPASTE **138**

BÄRLAUCHPESTO **139**

BASIC-TOMATENSAUCE **140**

SCHNELLER KRÄUTERDIP **141**

BLITZ-MAYONNAISE **142**

SEMI RUB – Trockengewürzmischung für BBQ, Spareribs und Co. **143**

PICKLE-FOND – Süßsaurer Einlegesud für Gemüse **144**

FISCHFOND **145**

Semis Story **148**

Register **152**

Impressum **156**

Intro

Wir hier im Pott sind allesamt einfach gestrickt. Firlefanz gibt's woanders, und so versteht sich unsere handfeste Küche für Familien mit starken Männern, sanften Frauen und strammen Kindern.

Als waschechter Osnabrücker und Wahlhattinger lebe ich unsere Region auf den Tellern, die unsere Welt bedeuten.

Traditionen zu wahren und die DNA des Potts sind meine besten Zutaten, die bunt gemischt, überraschend und doch so traditionell sind, als wäre der Pott noch der Nabel der Welt. Übrigens, das ist er auch irgendwie, und das ist mehr als gut so.

In meinen folgenden Rezepten findet ihr bestimmt so einiges von Oma und wie das damals so war, als man noch auf der Hütte Stahl zog und die Kohle förderte, die wir für unsere Hochöfen brauchten. Zum Traditionellen habe ich Neues hinzugefügt, um die kulturelle Vielfältigkeit unserer Heimat kulinarisch zu fassen, denn wir sind das geworden, was wir noch heute sind – ein Pott mit vielen Zutaten.

Euer Semi

VORAB UND ZWISCHEN-DURCH

Die Gesellschaft hat sich verändert und man isst moderner als früher. Das führt auch dazu, dass man nach dem Essen und auch irgendwie vor dem Essen isst, was wohl doch zu den schönsten Dingen der Welt gehört. Dazu meine kleinen Gerichte, die schnell angerichtet sofort glücklich machen.

CURRYWURST ORIENT-STYLE

Merguez mit orientalischer Currysauce und Koriandermayonnaise

Zutaten:

- 1 rote Zwiebel
- 3 Knoblauchzehen
- 1 Chilischote
- 1 reife Banane
- 1 Stück Ingwerwurzel (ca. 2–3 cm)
- 2 EL gutes Olivenöl
- 1 EL brauner Zucker (Kokoszucker)
- 1 EL Ras el-Hanout (orientalische Gewürzmischung)
- 1 EL Baharat (orientalische Gewürzmischung)
- 1 EL Currypulver
- 350 g passierte Tomaten
- 100 ml Maracujasaft
- etwas Zucker
- etwas Salz
- 1 Bund frischer Koriander
- 500 g TK-Pommes-frites
- 120 g Mayonnaise
- 3 EL Olivenöl
- frisch gemahlener schwarzer Pfeffer
- 4 Merguez-Würste (beim Marokkaner erhältlich)

- Mixer oder Stabmixer
- Backofen oder Fritteuse

Zubereitung:

Die Zwiebel und 2 Knoblauchzehen abziehen und klein schneiden. Die Chili in Ringe schneiden, Banane und Ingwer schälen und in Scheiben schneiden. Alles zusammen in Olivenöl anschwitzen. Den braunen Zucker und die Gewürze kurz mit anbraten. Danach mit den passierten Tomaten und dem Maracujasaft ablöschen und circa 10–15 Minuten köcheln lassen. Die Sauce mit 1 Prise Zucker und 1 Prise Salz abschmecken. Anschließend im Mixer oder mit dem Stabmixer fein pürieren.

Die übrige Knoblauchzehe und den gewaschenen Koriander fein hacken. Währenddessen die Pommes frites im Backofen oder in der Fritteuse zubereiten.

Für die Koriander-Knoblauch-Mayonnaise die Mayonnaise mit dem gehackten Knoblauch, Koriander und dem Olivenöl verrühren. Mit Salz, Pfeffer und Zucker abschmecken.

Die Merguez in der Grillpfanne von beiden Seiten knusprig braten. Dann mit der Sauce, Pommes frites und der Koriander-Knoblauch-Mayonnaise anrichten.

Semis Tipp:

Dazu passt ein Glas kalter Kefir oder Buttermilch.

GEFÜLLTE BRICKTASCHEN

Tunesische Teigtaschen gefüllt mit Thunfisch

Zutaten:

- 4 Kartoffeln
- 2 Zwiebeln
- 4 EL Olivenöl
- 1 Bund frische Petersilie
- Salz
- frisch gemahlener schwarzer Pfeffer
- 250 g Thunfisch in Olivenöl
- 2 EL feine Kapern (optional)
- 8 Blatt Brickteig
- 8 Eier
- 4 Zitronen
- Paprikapulver edelsüß (optional)

Zubereitung:

Die Kartoffeln kochen, pellen und mit einer Gabel zerdrücken. Abkühlen lassen. Die Zwiebeln in feine Würfel schneiden und in einer Pfanne mit etwa 2 Esslöffel Olivenöl andünsten.

Dann Kartoffelstampf und Zwiebel zusammen in einer Schüssel mischen.

Die frische Petersilie grob hacken und mit Salz und schwarzem Pfeffer zur Kartoffel-Zwiebel-Masse hinzufügen.

Nun den abgetropften Thunfisch und wahlweise die Kapern unter die Masse heben. Die Brickteig-Blätter ausbreiten und auf 4 Seiten etwas einklappen, sodass ein Quadrat entsteht. Auf jedes Stück ein wenig von der Kartoffel-Zwiebel-Masse als Füllung in die Mitte geben und eine Mulde hineindrücken.

Je 1 rohes Ei vorsichtig mittig auf die Füllung geben und die Außenkanten des Teigs mit etwas Wasser benetzen. Die Brickteig-Blätter nun diagonal zusammenklappen, sodass ein Dreieck entsteht.

Die Teigtaschen in einer Pfanne mit dem restlichen Olivenöl von jeder Seite 2–3 Minuten goldbraun braten. Sobald sie braun sind, auf ein Tuch legen, damit überschüssiges Fett aufgenommen wird.

In vielen tunesischen Haushalten werden die Bricks lauwarm mit frischen Zitronenschnitzen serviert und mit süßem Paprikagewürz bestreut.

GARNELEN UND PULPO

mit Couscous

Zutaten:

- 1 Pulpo (ca. 700 g)
- 1 Lorbeerblatt
- 10 Pfefferkörner
- 1 Weinkorken (bitte echten Kork!)
- Salz
- 8 große Garnelen
- 150 g Couscous
- 2 EL Currypulver
- 1 EL rote Currypaste
- 3 EL Olivenöl
- 1 EL Arganöl
- frisch gemahlener schwarzer Pfeffer
- 160 ml Gemüsebrühe
- 3 in Öl eingelegte getrocknete Tomaten
- 3 Stiele Petersilie
- 1 EL Butter
- 1 Zweig Rosmarin
- 1 Zweig Thymian
- 1 Knoblauchzehe

Zubereitung:

Den Pulpo unter kaltem Wasser gründlich waschen. Zusammen mit dem Lorbeerblatt, den Pfefferkörnern, dem Weinkorken und 1 guten Prise Salz in einen ausreichend großen Topf mit kochendem Wasser geben. Etwa 45 Minuten leicht köcheln lassen.

In der Zwischenzeit die Garnelen schälen, waschen und den Darm entfernen (dazu mit einem spitzen Messer die Garnele an der Rückenseite einschneiden und den Darm herausziehen). Den Couscous mit Currypulver und Currypaste, Oliven- und Arganöl, Salz und Pfeffer in einer Schüssel gut vermischen. Die Gemüsebrühe aufkochen und über den Couscous gießen. Kurz verrühren und abgedeckt circa 10–15 Minuten ziehen lassen.

Die eingelegten Tomaten in kleine Würfel schneiden. Die Petersilienblätter von den Stielen zupfen und fein schneiden. Beides zu dem Couscous geben.

Wenn der Pulpo weich ist, aus dem Wasser nehmen und kurz abkühlen lassen. Ob er weich genug ist, erkennt man, indem man ihn mit einem Messer an einer dicken Stelle ansticht. Rutscht er von selbst wieder ab, ist er fertig. Dann den Kopf abschneiden und den Kauapparat (sieht aus wie ein Papageienschnabel) entfernen.

Das Fleisch des Kraken in grobe Stücke schneiden. Die Butter in einer Pfanne erhitzen und den Kraken und die Garnelen darin mit dem Rosmarinzweig, dem Thymianzweig und der angedrückten Knoblauchzehe sanft anbraten.

Die gebratenen Pulpostücke und Garnelen noch warm unter den Couscous mischen und servieren.

Semis Tipp:

Dazu passt gut ein Minzjoghurt.

MATJES

auf Bohnen-Kartoffel-Salat

Zutaten:
- 400 g festkochende Kartoffeln
- 250 g Brechbohnen
- 250 g breite Bohnen
- etwas Bohnenkraut
- Salz
- 300 g Matjesfilet
- ½ Zitrone
- 1 kleines Bund Petersilie
- 1 TL scharfer Senf
- 6 EL gutes Olivenöl
- frisch gemahlener schwarzer Pfeffer
- etwas frischer Dill

Zubereitung:
Die Kartoffeln in einem Topf mit Wasser zum Kochen bringen. Zugedeckt bei mittlerer Hitze etwa 25 Minuten garen. Dann abgießen und leicht abkühlen lassen, pellen und in grobe Stücke schneiden.

Während die Kartoffeln kochen, die Brechbohnen und breiten Bohnen waschen und die Enden abschneiden. Die Bohnen in etwa 4–5 Zentimeter lange Stücke schneiden. Das Bohnenkraut abbrausen und in einem Topf mit Wasser und Salz aufkochen. Die Bohnen darin zugedeckt bei mittlerer Hitze in 8–12 Minuten bissfest garen. In ein Sieb abgießen, kurz abschrecken und etwas abkühlen lassen.

Von den Matjesfilets die Schwänze abschneiden und sicht- beziehungsweise fühlbare Gräten ziehen. Die Filets in etwa 3–4 Zentimeter große Stücke schneiden.

Die Zitronenhälfte heiß waschen und ein langes Stück Schale dünn abschneiden. Die Petersilie abbrausen und trocken schütteln. Die Blättchen abzupfen und mit der Zitronenschale zusammen ganz fein hacken. Dann die Zitrone auspressen, den Saft mit dem Senf, dem Olivenöl, Salz und Pfeffer zu einer Vinaigrette verrühren.

Kartoffeln, Bohnen und Matjes mit der Vinaigrette und der Petersilienmischung vermengen, noch einmal abschmecken und circa 15 Minuten ziehen lassen.

Mit frischem Dill garnieren.

GERÄUCHERTES LACHSTATAR

mit Reibeküchlein und Meerrettich

Zutaten:

Reibeküchlein

- 6 festkochende Kartoffeln
- 1 Ei
- 4 EL Weizenmehl
- 1 Prise Muskatnuss
- Salz
- frisch gemahlener schwarzer Pfeffer
- Butterschmalz oder Pflanzenöl

Lachstatar

- 500 g Räucherlachs
- Abrieb von 1 Zitrone
- 1 EL gehackter Dill
- 1 EL fein gewürfelte Frühlingszwiebel
- 1 EL frisch geriebener Meerrettich

Kräuterschmand

- Dill und Petersilie nach Gusto
- 250 g Sauerrahm
- 1 Spritzer Zitronensaft
- Salz und Pfeffer zum Abschmecken

Zubereitung:

Lachstatar

Für das Lachstatar den Räucherlachs in Würfel schneiden und mit der Zitrone, dem Dill, der Frühlingszwiebel und dem Meerrettich verrühren.

Reibeküchlein

Für die Reibeküchlein die Kartoffeln schälen und mit einer Reibe grob in eine Schüssel raspeln. Ei und Mehl hinzufügen. Das Ganze mit Muskat, Salz und Pfeffer würzen und mit der Hand oder einem Löffel vermengen. Butterschmalz oder Pflanzenöl in einer Pfanne erhitzen.

Den Kartoffelteig in Portionen in der Pfanne rund 2 Minuten im Fett von jeder Seite ausbacken. Die Reibeküchlein aus der Pfanne nehmen und kurz auf Küchenpapier abtropfen lassen.

Kräuterschmand

Für den Kräuterschmand die Kräuter hacken und mit dem Sauerrahm vermischen. Mit Zitronensaft, Salz und Pfeffer abschmecken.

KARAMELLISIERTER ZIEGENFRISCHKÄSE

mit Feigendressing

Zutaten:

- 6 EL Olivenöl
- 4 EL Aceto balsamico
- 5 EL Feigenmarmelade
- 5 EL Feigensenf
- 2 EL gehackte Feige
- Salz, Pfeffer und Zucker zum Abschmecken
- 4 Stück Ziegenfrischkäse
- ca. 4 TL brauner Zucker
- verschiedene Wildkräuter nach Gusto
- 1 frische Feige
- 1 EL grob gehackte Kürbiskerne
- 1 EL Granatapfelkerne

- Flambierbrenner oder Backofen

Zubereitung:

Für das Dressing das Olivenöl mit dem Aceto balsamico, der Marmelade und dem Senf verrühren. Dann die gehackten Feigen unterheben und mit Salz, Pfeffer und Zucker abschmecken.

Den Ziegenkäse mit dem braunen Zucker bestreuen und mit einem Brenner karamellisieren. Optional kann man den Ziegenkäse für circa 5 Minuten bei 120 °C in den Backofen geben.

Die Wildkräuter waschen und klein zupfen. Dann mit dem Dressing marinieren und mittig auf einem Teller anrichten. Den Ziegenkäse seitlich daraufgeben. Die frische Feige in Spalten schneiden und zum Ziegenkäse setzen. Den Ziegenkäse mit Dressing, den grob gehackten Kürbiskernen und den Granatapfelkernen garnieren.

LASAGNE VON HATTINGER BLUTWURST

mit Zwiebelmarmelade und Apfelchutney

Zutaten:

Blutwurst
- 1 Ring Blutwurst, ca. 600 g (Boudin Noir o. Ä.)
- etwas Mehl
- 4 festkochende Kartoffeln
- 250 g Butter
- 500 ml Rapsöl
- 4 Lorbeerblätter
- 1 Thymianzweig
- Salz

Zwiebelmarmelade
- 4 Schalotten
- Butter
- Salz
- frisch gemahlener schwarzer Pfeffer
- 3 EL brauner Zucker
- 1 Spritzer Essig

Apfelchutney
- 300 g gewürfelte Äpfel
- 50 g Zwiebeln gewürfelt
- 50 g Rosinen
- 150 g brauner Zucker
- Saft und Schale von 1 Orange
- ½ TL Zimt
- ½ TL Muskat
- 20 g frisch geriebener Ingwer
- 1 frische rote Chilischote, in feine Ringe geschnitten
- 180 ml Apfel- oder Weißweinessig
- Salz, Pfeffer und Zucker zum Abschmecken

Außerdem
- 1 frischer Apfel
- etwas Butter
- 4–5 Stangen Schnittlauch

Zubereitung:

Blutwurst

Die Blutwurst pellen und in 4 Portionen schneiden, mit etwas Mehl bestäuben und trocken in der Pfanne anbraten. Kartoffeln waschen, schälen, in ½ Zentimeter dicke Scheiben schneiden und auf ein Blech legen. Die Butter klären und mit dem Rapsöl über die Kartoffelscheiben gießen, bis diese damit bedeckt sind. Lorbeerblätter und Thymianzweig dazugeben, salzen und bei 120 °C circa ½ Stunde garen, bis sie bissfest sind.

Zwiebelmarmelade

Die Schalotten in feine Würfel schneiden und in etwas Butter anschwitzen, mit Salz, Pfeffer und Zucker würzen und mit 1 Spritzer Essig ablöschen. Im Töpfchen so lange schmoren, bis sie karamellisieren.

Apfelchutney

Alle Zutaten in einen Topf geben und so lange bei kleiner Hitze köcheln lassen, bis eine marmeladenartige Konsistenz erreicht ist. Etwas abkühlen lassen.

Finish

Den frischen Apfel in circa 1 Zentimeter dicke Scheiben schneiden und in Butter braun anbraten.

Zuerst die Zwiebelmarmelade auf dem Teller anrichten und dann schichtweise Kartoffeln, Blutwurst, Apfelscheiben und 1 Teelöffel Apfelchutney aufeinander anrichten. Das Ganze noch zweimal wiederholen und oben dann mit Schnittlauch garnieren.

FEIGEN-DATTEL-DIP

mit frischem Brot

Zutaten:

- 150 g Datteln
- 2 Knoblauchzehen
- 250 g Schmand
- 250 g Frischkäse
- 1 TL Currypulver
- 1 TL Harissapaste
- 1 Prise Cayennepfeffer
- ½ TL Salz
- Saft von ¼ Zitrone
- 1 TL Honig
- 1 frische Feige
- Brot

- Mixer

Zubereitung:

Zuerst die Datteln mit dem Knoblauch in einen Mixer geben und circa 5 Sekunden zerkleinern. Danach alle restlichen Zutaten (außer der frischen Feige und dem Brot) hinzugeben und für weitere 20–25 Sekunden mixen. Ordentlich mischen und mit frischer Feige und frischem Brot servieren.

Semis Tipp:

Harissapaste findet man im gut sortierten Supermarkt in der Abteilung für exotische Spezialitäten.

BEEF-TATAR KLASSISCH ANDERS

mit Avocado und Passionsfrucht

Zutaten:

Rettich

- 1 Rettich
- 375 ml Wasser
- 300 ml Aceto balsamico bianco
- 250 g Zucker
- 1 TL Korianderkörner
- 1 TL Pfefferkörner
- ½ Sternanis

Tatar

- 400 g Rinderfilet
- 1–2 frische rote Chilischoten
- Abrieb von 2 Limetten
- Saft von ½ Limette
- ca. 50 ml geröstetes Sesamöl
- ca. 50 ml Sweet Chili Sauce
- 1 EL Katsuobushi (Bonitoflocken)
- 2 EL fein gewürfelte Frühlingszwiebeln
- Salz und frisch gemahlener schwarzer Pfeffer zum Abschmecken

Zubereitung:

Rettich

Den Rettich in dünne Scheiben hobeln und in ein Einmachglas geben. Für den Sud alle anderen Zutaten vermischen und einmal aufkochen, danach über den Rettich gießen, sodass er komplett bedeckt ist. Eine Woche ziehen lassen.

Tatar

Für das Tatar das Rinderfilet in feine Würfel von circa ½ Zentimeter Größe schneiden. Die roten Chilis häuten (das geht am besten, wenn man sie vorher mit einem Brenner abflammt oder im Backofen röstet). Die Kerne entfernen und das Fruchtfleisch ebenfalls fein würfeln. Dann alles mit den restlichen Zutaten vermischen und circa 10 Minuten ziehen lassen.

Weiter geht's ↘

Avocadocreme
- 4 Avocados
- Saft von 3 Limetten
- 50 g frisch geriebener Ingwer
- 1 Spritzer geröstetes Sesamöl
- 1 Spritzer Sweet Chili Sauce
- 1–2 frische fein gewürfelte rote Chilischoten (nur das Fruchtfleisch, ohne Kerne und Häute)
- Salz
- frisch gemahlener schwarzer Pfeffer

Passionsfruchtsud
- 1 Schalotte
- 1 Knoblauchzehe
- 25 g geriebener Ingwer
- 1 frische rote Chilischote
- 3 Passionsfrüchte
- 2 EL Sojasauce
- 1 EL Limettensaft
- 1 EL Honig

Crunch
- 10 Pekannüsse
- 3–4 Scheiben Bacon (durchwachsener Speck)

- Mixer

Avocadocreme

Für die Avocadocreme das Fruchtfleisch aus den Avocados herausschaben und in einen Mixer geben. Alle anderen Zutaten dazugeben und so lange mixen, bis die Masse sehr fein ist. Danach durch ein feines Sieb drücken und in einen Spritzbeutel geben.

Passionsfruchtsud

Für den Passionsfruchtsud die Schalotte in sehr feine Würfel schneiden. Den Knoblauch, den Ingwer und die Chilischote sehr fein hacken. Dann die Passionsfrüchte halbieren, das Fruchtfleisch und die Kerne herauskratzen und zu dem Gemüse geben. Sojasauce, Limettensaft und Honig dazugeben und verrühren. Abgedeckt ½ Stunde ziehen lassen.

Crunch

Für den Crunch die Pekannüsse in der Pfanne rösten und den Bacon knusprig braten. Beides auskühlen lassen. Den Bacon auf Küchenpapier legen, damit das überschüssige Fett aufgesogen wird. Dann beides hacken und vermischen.

Finish

Das Tatar mit der Avocadocreme und dem eingelegten Rettich servieren, mit Passionsfruchtsud und Nuss-Bacon-Crunch garnieren.

LEICHTER SPARGELSALAT

und Saiblingsfilet

Zutaten:

- 400 g Spargel
- 1 Prise Zucker
- 1 Prise Salz
- 4 Tomaten
- 3 Bund junger Lauch
- Apfelessig
- 2 EL Olivenöl
- Saft von 2 Zitronen
- 2 Saiblingsfilets
- 1 Knoblauchzehe
- 50 g Butter
- Thymian und Rosmarin nach Gusto
- frisch gemahlener schwarzer Pfeffer

Zubereitung:

Für den Salat den Spargel schälen und mit jeweils 1 Prise Zucker und Salz kochen. Die Tomaten waschen, vierteln, entkernen und in feine Streifen schneiden. Den jungen Lauch waschen und schräg in Streifen schneiden. Die geschnittenen Gemüsesorten mischen. Aus Essig, Öl und Zitronensaft eine Vinaigrette anrühren und zum Gemüse geben. 15 Minuten ziehen lassen.

Die Saiblingsfilets würzen und nur auf der Hautseite braten. Die Knoblauchzehe abziehen und zerdrücken, mit der Butter und den Kräutern in die Pfanne geben und kurz vor dem Servieren den Fisch einmal für nur 10–15 Sekunden in der Pfanne wenden.

Den Salat anrichten und mit den Saiblingsfilets und der Gewürzbutter aus der Pfanne anrichten.

GEBRATENE GÄNSELEBER

mit Feldsalat

Zutaten:

Dressing

- 45 ml Wasser
- 10 ml Aceto balsamico
- 10 ml Himbeeressig
- 10 g Zucker
- 1 Prise Salz
- etwas Senf
- 35 ml Olivenöl
- 40 ml Walnussöl

Gebratene Gänseleber

- 100 g Gänseleber
- etwas Mehl
- etwas Butter zum Anbraten (ca. 50 g)
- 1 Schalotte
- 100 ml Aceto balsamico
- 200 g geputzter Feldsalat
- Salz
- frisch gemahlener schwarzer Pfeffer

- Mixer

Zubereitung:

Für das Dressing alle Zutaten im Mixer gut mischen und in einer Flasche im Kühlschrank aufbewahren. Das Dressing hält sich gekühlt circa eine Woche.

Bei der Gänseleber die Sehnen und Haut abschneiden, in Stücke schneiden und mit Mehl bestäuben. In der Butter bei hoher Hitze scharf anbraten, dann aus der Pfanne nehmen. Die Schalotte waschen, putzen, und in feine Würfel schneiden, anschließend in derselben Pfanne wie die Leber anrösten. Mit dem Aceto balsamico ablöschen und auf die Hälfte reduzieren. Die Leber noch mal kurz durch die Reduktion ziehen und dann mit dem marinierten Feldsalat anrichten, mit Salz und Pfeffer abschmecken.

Dazu passt dunkles Bauernbrot.

CREMIGE BURRATA

mit buntem Tomatensalat

Zutaten:

- 800 g bunte Tomaten
- 4 EL Aceto balsamico oder frischer Zitronensaft
- 2 EL Zucker
- 5 EL Olivenöl
- 1 Prise Salz
- frisch gemahlener schwarzer Pfeffer
- 4 Kugeln Burrata

Zubereitung:

Die Tomaten waschen, in mundgerechte Stücke schneiden und in eine Schüssel geben. Aus Essig, Zucker, Olivenöl, Salz und etwas Pfeffer mit einem Schneebesen eine Vinaigrette anrühren, die Tomaten damit marinieren.

Die Burrata abtropfen lassen und aufbrechen. Den Tomatensalat anrichten, Burrata daraufgeben und mit etwas Olivenöl beträufeln.

Semis Tipp:

Ich habe dieses Rezept bewusst sehr puristisch gelassen. Wer möchte, könnte noch geröstete Pinienkerne und/oder gezupfte Basilikumblätter drüberstreuen.

Nesmuk JANUS
MADE IN GERMANY

MINDESTENS EIN SÜPPCHEN

Eine der wohl international verständlichsten Speisen mit Happy-Faktor sind leckere Süppchen. Sehen schwierig aus und sind doch so kinderleicht. Dazu einige meiner liebsten zum Nachkochen.

SCHARFE HÜHNERSUPPE

mit Kokos und Koriander

Zutaten:

- 1 rote Chilischote
- 2 Stangen Zitronengras
- ca. 40 g Galgant
- ca. 20 g Ingwer
- 5–6 Stiele Koriander mit Wurzeln
- 400 ml ungesüßte Kokosmilch
- 500 ml Hühnerbrühe
- 3 Kaffirlimettenblätter
- 500 g Hähnchenbrust
- 250 g Champignons oder Shiitakepilze
- 150 g Kirschtomaten
- 75 g Mungobohnenkeimlinge
- 3 Bio-Limetten
- 2–3 EL Fischsauce

Zubereitung:

Die Chilischote putzen, längs aufschneiden, entkernen, waschen und in feine Ringe schneiden. Das Zitronengras mit dem Messerrücken anklopfen, damit die ätherischen Öle austreten, und in Ringe schneiden. Galgant waschen, in Stücke schneiden. Den Ingwer waschen, schälen und fein reiben. Koriander waschen, trocken schütteln, die Blättchen abzupfen und beiseitelegen.

Kokosmilch, 750 Milliliter Wasser und Brühe in einem Topf aufkochen. Chili, Zitronengras, Galgant, Ingwer, Korianderstiele mit Wurzeln, Limettenblätter und das Hähnchenfleisch zugeben. Wieder aufkochen und circa 20 Minuten ziehen lassen. Danach durch ein Sieb passieren und in einen anderen Topf geben.

Die Pilze waschen, putzen und halbieren. Die Tomaten waschen. Die Mungobohnenkeimlinge verlesen, waschen und abtropfen lassen. Keimlinge, Pilze und Tomaten in die Suppe geben und alles circa 5 Minuten weiterköcheln.

1 Limette heiß abwaschen und in Spalten schneiden, die anderen beiden Limetten auspressen. Die Suppe mit Fischsauce und Limettensaft abschmecken. Das Hühnchenfleisch in Scheiben schneiden und auf den Tellern verteilen. Die restliche Suppe eingießen und mit Korianderblättchen garnieren.

CHORBA

Pikante Suppe mit Fisch

Zutaten:

- 1 Zwiebel
- 3 EL Olivenöl
- 2 EL Tomatenmark
- 3 Knoblauchzehen
- ca. 80 g Petersilie
- ca. 80 g Sellerie
- ca. 80 g Lauch
- 1 Prise Salz
- ½ TL frisch gemahlener schwarzer Pfeffer
- 1 TL scharfes Paprikapulver
- 1 TL gemahlener Kreuzkümmel
- 250 g eingeweichte Kichererbsen
- 300 g gekochtes Doradenfleisch
- 100 g Frikkörner (Gerstenschrot) oder Chorbanudeln
- Saft von ½ Zitrone

Zubereitung:

Die Zwiebel fein hacken und in Olivenöl andünsten. 2 Esslöffel Tomatenmark zufügen und mit andünsten. Den Knoblauch fein hacken. Jeweils eine gute Handvoll (ca. 80 g) Petersilie, Sellerie und Lauch waschen und klein schneiden. Da meine Hände etwas größer sind, bitte nach Geschmack.

Die Gewürze zugeben und alles zusammen kurz anbraten. 1 Glas Wasser angießen und circa 10 Minuten köcheln lassen. Nun die Kichererbsen dazugeben und mit 1 Liter Wasser auffüllen.

Den Fisch in kleine Stückchen schneiden und gegebenenfalls von Gräten befreien. Zur Suppe geben und weitere 10 Minuten köcheln lassen. Zum Schluss die Frikkörner untermischen und die Suppe weiterköcheln, bis die Frikkörner gar sind. Wenn nötig, weiteres Wasser zugießen und nachwürzen.

Mit etwas Petersilie und frischem Zitronensaft garnieren und servieren.

KARTOFFELSCHAUMSUPPE

mit Räucherlachs und Schnittlauch

Zutaten:

- 1 Zwiebel
- 2 Karotten
- 150 g Lauch
- 150 g Sellerie
- 1,5 kg Kartoffeln
- 115 g Butter
- Salz
- frisch gemahlener schwarzer Pfeffer
- 1 Zweig Thymian
- 2 l Geflügelbrühe
- 1 l Sahne
- Schnittlauch zum Garnieren
- 200 g Räucherlachs

- Mixer oder Stabmixer

Zubereitung:

Das Gemüse schälen beziehungsweise putzen und klein schneiden, alles in Butter farblos anschwitzen. Mit Salz, Pfeffer und Thymian würzen und mit der Geflügelbrühe aufgießen. Circa 20 Minuten leise köcheln lassen.

Die Sahne dazugeben und weitere 15 Minuten köcheln lassen. Die ganze Suppe mixen und durch ein feines Sieb schütten.

Den Schnittlauch in feine Röllchen und den Räucherlachs in Streifen schneiden. Die Suppe mit beidem anrichten.

EXOTISCHE KÜRBISCREMESUPPE

Zutaten:

- 800 g Muskatkürbis
- etwas Salz
- 4 EL Butter
- 100 g Schalotten
- 4 Knoblauchzehen
- 100 g Karotten
- 120 g Paprikaschote
- 50 g in Stücke geschnittener Staudensellerie
- 1 EL geriebener Ingwer
- 1 Messerspitze süßes Paprikapulver
- ½ TL Currypulver
- 1 Messerspitze getrocknete Chilischoten
- 2 EL Ingwersirup
- 1 EL Tomatenketchup
- 1 l Fischfond (siehe »Kleine Kochschule«, ab Seite 133)
- frisch gemahlener schwarzer Pfeffer
- 200 ml Kokosmilch
- 200 ml Sahne (30 % Fettgehalt)
- 1 Prise Zuck
- 1 EL Kürbiskerne
- 1 Spritzer Kürbiskernöl

- Stabmixer oder Mixer

Zubereitung:

Den Kürbis schälen, die Samen entfernen, das Fruchtfleisch grob raspeln. Salzen und zugedeckt circa 30 Minuten ziehen lassen.

Die Butter zerlassen. Schalotten und Knoblauch schälen, Karotten, Paprika und Sellerie waschen beziehungsweise putzen und alles klein schneiden, hinzufügen und farblos anschwitzen. Ingwer, Paprikapulver, Curry, Chili, Ingwersirup und Ketchup zugeben und weitere 5 Minuten mit anschwitzen.

Den Kürbis über einer Schüssel in einem Sieb gut ausdrücken und den Saft auffangen. Das Kürbisfleisch zu dem angeschwitzten Gemüse geben und etwa 15 Minuten mit andünsten.

Den Kürbissaft und Fond angießen, salzen, pfeffern. 20 Minuten bei niedriger Hitze köcheln lassen. Zum Schluss Kokosmilch und Sahne zugießen und weitere 5 Minuten köcheln lassen, dann mit dem Stabmixer oder im Mixer sehr glatt pürieren. Mit Zucker abschmecken.

Die Kürbiskerne hacken, rösten und die Suppe damit sowie etwas Kürbiskernöl garnieren.

Semis Tipp:

Als Einlage passt eine gebratene oder gegrillte Riesengarnele oder Jakobsmuschel.

SPARGELSCHAUMSUPPE

mit Bärlauchpesto in zwei Varianten

Zutaten:
- 250 g Spargel
- Salz
- 40 g Butter
- 40 g Mehl
- 500 ml Brühe
- 1 Eigelb
- 3 EL Sahne
- 2–3 EL Zucker
- frisch gemahlener schwarzer Pfeffer
- Muskat
- Saft von ½ Zitrone
- 500 g Bärlauch
- 150 ml Rapsöl
- 4 Riesengarnelen
- 1 Zweig Thymian
- 1 Zweig Rosmarin
- 1 Knoblauchzehe
- 60 g Butter

- Mixer

Zubereitung:

Spargelschaumsuppe und Bärlauchpesto

Den Spargel waschen und schälen, in 3–4 Zentimeter lange Stücke schneiden und in 1 Liter leicht gesalzenem Wasser gar kochen. Den Spargel aus dem Wasser nehmen und das Kochwasser als Spargelfond aufheben. Die Butter in einem Topf erhitzen, Mehl dazugeben und unter ständigem Rühren hellgelb anschwitzen. Mit dem Spargelfond unter Rühren ablöschen, aufkochen und in der Nachwärme etwas quellen lassen. Mit Brühe aufgießen.

Eigelb mit Sahne verrühren und in die nicht mehr kochende Suppe geben. Es ist wichtig, dass die Suppe nicht mehr kocht, wenn Sie das Ei dazugeben, da es sonst gerinnt. Zum Schluss die Spargelsuppe mit Zucker, Salz, Pfeffer, Muskat und Zitronensaft abschmecken.

Für das Pesto (siehe »Kleine Kochschule«, ab Seite 133) den Bärlauch waschen und mit dem Rapsöl im Küchenmixer zu einem Pesto mixen. Anschließend mit Salz würzen.

Die Riesengarnelen zusammen mit dem Thymian- und Rosmarinzweig sowie der angedrückten Knoblauchzehe anbraten. Dann die Butter dazugeben und kurz aufschäumen. Zum Garnieren die Garnelen auf einen Spieß stecken.

Variante Bärlauchschaumsuppe

Kurz vor dem Anrichten die Spargelsuppe mit etwas von dem Bärlauchpesto aufmixen, mit Streifen von frischem Bärlauch garnieren und mit den gebratenen Garnelen servieren.

Semis Tipp:

Zu beiden Varianten passen Streifen vom Beizlachs (siehe »Kleine Kochschule«, ab Seite 133).

KRÄFTIGE RINDERBRÜHE

mit Wurzelgemüse

Zutaten:

- 2 Zwiebeln
- 1 Stange Lauch
- 1 Stück Knollensellerie (ca. 200 g)
- 2 große Karotten
- 4 Stück Markknochen vom Rind
- 500 g Kalbsknochen
- 250 g Suppenfleisch vom Rind
- 1 kleiner Ochsenschwanz
- 4–5 l Wasser
- 2 Petersilienstiele
- 2 Lorbeerblätter
- 12 Pfefferkörner
- 6 Pimentkörner
- 2–3 Zweige Rosmarin
- 2 Stiele Liebstöckel
- 1 kleines Bund frischer Thymian
- 1 EL Salz
- frisch gemahlener schwarzer Pfeffer

Zubereitung:

Die Zwiebeln mit der Schale halbieren und mit der Schnittfläche nach unten in einem sehr großen Topf ohne Fett dunkel anrösten.

In der Zwischenzeit Lauch, Knollensellerie und Karotten waschen, putzen und in grobe Stücke schneiden.

Währenddessen die Knochen im Backofen bei 220 °C eine ½ Stunde dunkel anrösten. Danach Knochen und Rindfleisch in den Topf zu den Zwiebeln geben. Den Ochsenschwanz klein schneiden, zusammen mit dem Gemüse hinzufügen und mit Wasser auffüllen – Fleisch und Gemüse sollten komplett vom Wasser bedeckt sein.

Petersilie, Lorbeerblätter, Pfefferkörner, Pimentkörner, Rosmarin, Liebstöckel, Thymian und Salz einrühren, aufkochen lassen und bei kleiner Hitze rund 2–3 Stunden leise köcheln lassen. Den aufsteigenden Schaum und das Fett dabei immer wieder abschöpfen.

Zum Schluss Fleisch, Knochen und Gemüse aus der Suppe nehmen, die Rinderbrühe durch ein feines Sieb (oder Küchentuch) abgießen und mit Salz und Pfeffer würzen.

BLITZ-ROTE-BETE-SUPPE

Zutaten:

- 2 Zwiebeln
- 400 g Rote Beten
- 25 g Butter
- 1 l Gemüsebrühe
- Salz
- frisch gemahlener schwarzer Pfeffer
- 100 ml Schlagsahne
- Schnittlauch oder Petersilie zum Garnieren

- Stabmixer oder Mixer

Zubereitung:

Die Zwiebeln schälen und hacken. Rote Beten schälen und grob würfeln.

Die Butter in einem Topf erhitzen, Zwiebeln und Rote Beten darin bei mittlerer Hitze 5 Minuten andünsten. Die Gemüsebrühe angießen und aufkochen. Bei mittlerer Hitze so lange kochen, bis die Roten Beten weich sind.

Mit dem Stabmixer oder Mixer fein pürieren und mit Salz und Pfeffer würzen. Durch ein Sieb geben, Schlagsahne dazugeben und erneut aufkochen. Die Suppe in vier Teller geben. Den Schnittlauch fein schneiden und über die Suppe streuen oder mit Petersilie garnieren.

SEMI's

SALAT & CO.

So ein Salätchen, das ist lustig und sollte immer überraschend lecker sein. Traditionen aus verschiedenen Kulturkreisen mische ich gerne, als würden sie schon immer zusammengehören. Frisch und belebend werden Salate auch oft zur Hauptspeise im Tandem mit meinen köstlichen Vorspeisen.

KICHERERBSENSALAT

mit Feta

Zutaten:

- 1 Dose Kichererbsen (250 g Abtropfgewicht)
- 1 kleine Zwiebel
- 1 kleines Glas in Öl eingelegte getrocknete Tomaten
- 1 kleines Glas grüne Oliven ohne Stein
- 70 g Fetakäse
- 1 Bund Petersilie
- 2 Zitronen
- 5 EL Olivenöl
- 2 Knoblauchzehen
- Salz
- frisch gemahlener schwarzer Pfeffer
- 1 Prise Zucker
- 1 TL Harissa (Gewürzmischung)

Zubereitung:

Die Kichererbsen in einem Sieb abtropfen lassen und abspülen. Zwiebel schälen und fein hacken. In einer Schüssel die Kichererbsen, die Zwiebel, die klein geschnittenen getrockneten Tomaten, die Oliven sowie den Feta vermischen. Die Petersilie waschen, trocken schütteln grob hacken und unterheben. Etwas Schale von einer Zitrone dazu reiben. Die Zitronen danach aufschneiden und auspressen.

Öl, Zitronensaft und Knoblauch, Salz, Pfeffer und Zucker zu einem Dressing vermischen. Unter den Salat mischen und mit Harissa, Salz und Pfeffer abschmecken. Den Salat mindestens 30 Minuten ziehen lassen.

KIMCHI

Pikanter fermentierter Chinakohl

Zutaten:
- 800 g Chinakohl
- 50 g Salz
- 1 kleiner Daikon-Rettich (alternativ: 300–400 g weißer Rettich)
- 2 Frühlingszwiebeln
- 2 Knoblauchzehe
- 1 daumengroßes Stück Ingwer
- 2 EL rote Chiliflocken
- 4 EL Fischsauce
- 1 EL Zucker

Zubereitung:
Den Strunk des Chinakohls entfernen, den Kohl in sehr grobe Stücke schneiden, mit einer Prise leicht salzen und 2 Stunden bei Raumtemperatur stehen lassen.

In der Zwischenzeit die Kimchi-Paste zubereiten. Dazu den Daikon schälen und in feine Stifte schneiden. Die Frühlingszwiebeln waschen, längs vierteln, dann in 3 Zentimeter lange Stücke schneiden. Knoblauch und Ingwer schälen und fein hacken.

Alles zusammen mit den Chiliflocken, der Fischsauce, dem Zucker und dem restlichen Salz in einer Schüssel sehr gründlich vermischen, dabei immer wieder fest mit der Hand zerdrücken (am besten Küchenhandschuhe anziehen), damit die Paste möglichst weich wird. Zum Schluss sollte eine dunkelrote Masse entstehen, deren einzelne Bestandteile nicht mehr klar erkennbar sind.

Wenn die Kohlstücke weich und biegsam sind, mit dem Marinieren beginnen. Dazu den Kohl gründlich abwaschen und ordentlich in kaltem Wasser wässern, um das Salz zu entfernen. Jetzt alle Stücke gleichmäßig mit der Kimchi-Paste einreiben.

Den Chinakohl in ein Einmachglas geben und in den Kühlschrank stellen. Nach ein bis zwei Tagen beginnt die Fermentation. Es bilden sich kleine Bläschen auf der Oberfläche.

Der fermentierte Chinakohl ist genau das Richtige für das Ende eines heißen Sommertags.

WILDKRÄUTERSALAT

mit karamellisiertem Ziegenkäse und Traubenvinaigrette

Zutaten:

- 40 ml Aceto balsamico bianco
- 70 ml Wasser
- 2 TL scharfer Senf
- 1 Knoblauchzehe
- 3 TL gehackte Zwiebel
- 1 TL Salz
- 2 TL Honig
- 40 ml Rapsöl
- frisch gemahlener schwarzer Pfeffer
- 2–3 EL weißer Zucker
- 2 Rollen gereifter Ziegencamembert, ca. 500 g
- 2–3 EL brauner Zucker
- 500 g gemischte Wildkräuter
- 120 g grüne und rote Weintrauben
- 120 g Pinienkerne

- Flambierbrenner (wenn vorhanden)

Zubereitung:

Für die Blitzvinaigrette (siehe »Kleine Kochschule«, ab Seite 133) den Essig mit dem Wasser, Senf, Knoblauch, Zwiebel, Salz und Honig verrühren. Dann das Öl in einem dünnen Strahl einrühren und nochmals mit Salz, Pfeffer und Zucker abschmecken.

Den Ziegenkäse mit dem braunen Zucker bestreuen und mit einem Brenner karamellisieren. Optional kann man den Ziegenkäse auch für circa 5 Minuten bei 120 °C in den Backofen geben.

Die Wildkräuter waschen und klein zupfen. Die Trauben waschen und in Spalten schneiden. Die Pinienkerne kurz in einer Pfanne ohne Fett anrösten. Die Wildkräuter mit dem Dressing marinieren und mittig auf einem Teller anrichten. Den Ziegenkäse seitlich draufgeben und mit Dressing, frischen Traubenspalten, den gerösteten Pinienkernen und wahlweise verschiedenen Sprossen garnieren.

SLATA MESCHWIA

Feuriger Grillgemüsesalat mit Thunfisch und Ei

Zutaten:

- 500 g grüne Paprikaschote
- 350 g Tomaten
- 200 g Zwiebeln
- 10 Knoblauchzehen
- Saft von 1 Zitrone
- 5–6 EL Olivenöl
- Salz
- frisch gemahlener schwarzer Pfeffer
- 1 EL Ras el-Hanout (orientalische Gewürzmischung)
- 250 g Thunfisch in Olivenöl
- 4 gekochte Eier
- 3 EL Kapern

- Grill

Zubereitung:

Die Paprika und die Tomaten waschen und zusammen mit den Zwiebeln und dem Knoblauch vorzugsweise auf einem Grill dunkel grillen, wahlweise auch im Backofen bei 220 °C schmoren. Danach die Häute entfernen, bei den Tomaten und Paprika auch die Kerne.

Das Gemüse fein hacken. Mit dem frischen Zitronensaft, dem Olivenöl und den Gewürzen abschmecken, anrichten und mit Thunfisch aus der Dose und gekochten Eiern sowie Kapern garnieren.

Dazu passt geröstetes Fladenbrot.

BROKKOLI-TABOULÉ

mit Bulgur und Minze

Zutaten:

- 150 g Bulgur
- 300 g roher Brokkoli
- 2 kleine Bund Petersilie
- 2 EL Minzblätter
- 1 rote Zwiebel
- 1 große Knoblauchzehe
- grobes Meersalz
- frisch gemahlener schwarzer Pfeffer
- Saft von 2 Zitronen
- 3 EL Olivenöl
- 100 g gemischte Nusskerne
- Kerne von 1 Granatapfel

- Mixer

Zubereitung:

Den Bulgur nach Packungsanleitung circa 10 Minuten in Wasser kochen. Alternativ den Bulgur in einer Schüssel mit kochendem Wasser oder Gemüse- oder Geflügelbrühe aufgießen (1 Zentimeter Wasser überstehen lassen). Einen Deckel oder Teller auflegen und den Bulgur circa 10–15 Minuten quellen lassen. Den Bulgur zum Abkühlen zur Seite stellen. Sobald er abgekühlt ist, mit einer Gabel auflockern.

In der Zwischenzeit den Brokkoli in einem Mixer zerkleinern, bis er die Konsistenz von Couscous bekommt. Den zerkleinerten Brokkoli in eine große Schüssel geben.

Petersilie und Minze waschen und fein hacken. Die Zwiebel schälen und fein würfeln. Den Knoblauch schälen und zerdrücken. Zwiebel und Knoblauch zusammen mit dem abgekühlten Bulgur und den Kräutern in die Schüssel mit dem Brokkoli geben und vermischen. Mit Salz und Pfeffer würzen. Zitronensaft und Olivenöl darüber verteilen und gut durchrühren. Die Nusskerne hacken und mit den Granatapfelkernen unterheben und servieren.

ROTKOHLSALAT

mit Birne und Cranberrys

Zutaten:

Dressing

- 2 EL Olivenöl
- 2 EL Rotweinessig
- ½ EL Dijonsenf
- 1 Prise Piment d'Espelette
- Meersalz
- frisch gemahlener schwarzer Pfeffer

Salat

- ¼ Rotkohl
- 1 Rote Bete
- 1 Pastinake
- 1 große Birne
- 1 kleine rote Zwiebel
- 3 EL getrocknete Bio-Cranberrys
- 1 kleines Bund glatte Petersilie
- 3 EL Walnusskerne

Zubereitung:

Aus dem Olivenöl, dem Rotweinessig und dem Dijonsenf ein Dressing anrühren. Mit Piment d'Espelette, Salz und Pfeffer würzen.

Den Rotkohl waschen und in feine Streifen hobeln. Die Rote Bete und die Pastinake waschen, schälen und in dünne Stifte schneiden. Die Birne waschen, die Zwiebel schälen und beides in dünne Scheiben schneiden. Die Cranberrys grob hacken. Die Petersilie waschen und fein hacken. Alles in einer großen Schüssel mit dem Dressing vermischen. Zur Seite stellen und circa 10–15 Minuten ziehen lassen.

Die Walnusskerne in einer Pfanne ohne Fett kurz anrösten und den Salat damit garnieren.

SEMI's
Java Curry
www.semi.kitchen

IN DER HAUPTSACHE

Hier geht's richtig handfest zur Sache und das ist nicht nur was für Stahl-Kocher. Nachhaltig und lecker passt doch großartig zusammen und begründete einst die traditionelle und unsterbliche Pott-Küche unserer Region.

GESCHMORTE OCHSENBÄCKCHEN

mit Kartoffelstampf

Zutaten:

Ochsenbäckchen

- 1 Stange Lauch
- 4 Karotten
- etwas Knollensellerie
- 1,5 kg Ochsenbacken
- 5 Zweige Thymian
- 5 Zweige Rosmarin
- 2 Lorbeerblätter
- 1 TL ganze schwarze Pfefferkörner
- 1 l Rotwein
- 200 ml roter Portwein
- 200 ml Madeira
- 60 ml Rapsöl
- etwas Speisestärke (optional)

Kartoffelstampf

- 1 kg mehligkochende Kartoffeln
- 200 ml Milch
- 1 Prise Muskat
- 1 Prise Salz
- 250 g Butter
- 1 Thymianzweig

Zubereitung:

Ochsenbäckchen

Lauch, Karotten und Knollensellerie waschen und klein schneiden.

Die Ochsenbacken von Fett und Sehnen befreien und mit dem klein geschnittenen Wurzelgemüse, den Kräutern und Gewürzen, Rotwein, Portwein und Madeira einlegen. Darauf achten, dass die Ochsenbacken von der Flüssigkeit bedeckt sind. Mindestens eine Nacht ziehen lassen.

Die Ochsenbacken herausnehmen und trocken tupfen, in Rapsöl scharf anbraten und wieder in die Marinade legen. Im vorgeheizten Ofen bei 160 °C so lange schmoren, bis das Fleisch weich ist.

Semis Tipp:

Mit einem schmalen Küchenmesser in das Fleisch einstechen – wenn die Ochsenbacken von alleine vom Messer rutschen, sind sie fertig.

Die Ochsenbacken herauspicken und den Schmorsud durch ein feines Sieb in einen Topf passieren. Den Sud so lange einkochen, bis der gewünschte Geschmack erreicht ist. Falls nötig, mit etwas Speisestärke abbinden und die Ochsenbacken darin warm halten.

Kartoffelstampf

Die Kartoffeln waschen, schälen, kochen und pressen. Die Milch mit Muskat, Salz, Butter und dem Thymianzweig einmal aufkochen und mit den gekochten und gepressten Kartoffeln stampfen.

Semis Tipp:

Wer keine Stückchen in seinem Püree haben möchte, drückt die Kartoffelmasse durch ein feines Haarsieb.

SONNTAGSBRATEN MAGHREB-STYLE

Hühnchen, Rind und Couscous

Zutaten:

- 600 g Hühnerschenkel
- 600 g Rindfleisch aus der Keule
- 2 EL Olivenöl
- Salz
- frisch gemahlener schwarzer Pfeffer
- 2 EL Harissa (Gewürzmischung)
- 4–5 EL Tomatenmark
- 3 Zwiebeln
- 100 g eingeweichte Kichererbsen
- 250 g Karotten
- 300 g Kartoffeln
- 1 Zucchini
- 200 g Paprikaschote
- 1 kg Couscous

Zubereitung:

Hühner- und Rindfleisch in einem Topf mit Olivenöl anbraten. Salzen und pfeffern. Harissa und Tomatenmark hinzugeben und mit anrösten.

Die Zwiebeln schälen und zusammen mit den eingeweichten Kichererbsen zum Fleisch geben. Mit Wasser auffüllen, sodass alles leicht bedeckt ist, und 30 Minuten köcheln lassen. Gelegentlich umrühren.

Die Karotten und Kartoffeln schälen, die Zucchini streifig schälen, alles in mundgerechte Stücke schneiden und ebenfalls in den Topf geben. Gegebenenfalls Wasser nachfüllen und alles so lange köcheln lassen, bis alles gar ist. Die Paprika klein schneiden und mit dazugeben oder separat in einer Pfanne braten und von da aus später auf dem Couscous anrichten.

In der Zwischenzeit den Couscous kochen oder gleichzeitig in der Couscoussiere dämpfen. Den gegarten Couscous mit etwas Sauce aus dem Kochtopf würzen und mit dem Gemüse und dem Fleisch dekorieren und servieren.

GRÜNKOHL WESTFÄLISCH

Zutaten:
- 350 g Gänseschmalz
- 5 ½ große Zwiebeln
- 5 EL Senfsaat
- 5 kg Grünkohl
- Salz
- frisch gemahlener schwarzer Pfeffer
- 150 g Zucker
- 100 g mittelscharfer Senf
- 1 kg Kassler
- 10 Mettwürstchen
- 200 g Bauchspeck
- 5 Gewürznelken
- 2 Lorbeerblätter
- ½ TL Wacholderbeeren

Zubereitung:

Für den Grünkohl zunächst das Schmalz erhitzen, 5 Zwiebeln in Streifen schneiden und diese sowie die Senfsaat darin karamellisieren. Dann den Grünkohl dazugeben und direkt mit Salz, Pfeffer, Zucker und Senf würzen. Wer's schärfer mag, nimmt scharfen Senf.

Etwas von Kassler und Mettwurst in Würfel schneiden und mit dem Bauchspeck dazugeben. Zusammen auf mittlerer Flamme schmoren lassen, bis der Grünkohl fertig ist.

Separat Wasser aufstellen. Die ½ Zwiebel mit Nelken spicken und zusammen mit den Lorbeerblättern und den Wacholderbeeren ins Wasser geben, einmal aufkochen und das Kassler mit den Mettwürsten darin ziehen lassen.

Sobald alles gegart ist, das Kassler in mundgerechte Stücke portionieren und zusammen mit dem Grünkohl anrichten.

Dazu passen mittelscharfer Senf und ein kaltes, frisch gezapftes Pils.

GEBACKENER KABELJAU

mit Kartoffel-Gurken-Salat

Zutaten:

- 500 g Kabeljaufilet oder -Loin
- 1 Teller voll Weizenmehl
- 5 Eier
- 1 Tellerboden Paniermehl
- 115 g Butterschmalz
- 1 Bund Dill
- 600 g Schmand
- 1 Zitrone
- Salz
- frisch gemahlener schwarzer Pfeffer
- 1 kg festkochende Kartoffeln
- 1 Zwiebel
- 3 EL Rapsöl
- 2–3 EL Essig
- Brühe
- 3 EL Senf
- etwas Zucker
- 1 Salatgurke

Zubereitung:

Die Kabeljaufilets in 2–3 Teile schneiden und würzen. Den Fisch zuerst durch Mehl, dann durch Ei, abschließend durch das Paniermehl ziehen. Butterschmalz in einer Pfanne erhitzen. Den Fisch im heißen Butterschmalz goldbraun ausbacken.

Den Dill waschen und hacken. Mit Schmand und dem Saft und dem Abrieb von ½ Zitrone vermischen. Mit Salz und Pfeffer abschmecken und abgedeckt bis zum Servieren im Kühlschrank lagern.

Für den Salat die Kartoffeln kochen, heiß pellen und in dünne Scheiben schneiden. In der Zwischenzeit die Zwiebel schälen, würfeln und in Öl glasieren. Mit Essig, Brühe, Senf ablöschen und mit Salz, Pfeffer und Zucker abschmecken. Das Ganze einmal aufkochen. Den heißen Sud über die Kartoffelscheiben gießen und mindestens 3–4 Stunden ziehen lassen. Gelegentlich umrühren.

Die Gurke waschen, in feine Scheiben hobeln und kurz vor dem Servieren unter den Kartoffelsalat mischen.

Den Kartoffel-Gurken-Salat auf einen Teller geben und die gebackenen Fischstücke darauf anrichten. Mit 1 Zitronenschnitz und dem Dill-Schmand servieren.

GESCHMORTE LAMMHAXE

mit Kartoffelpüree und Gremolata

Zutaten:

Lammhaxe

- 3 Knoblauchzehen
- 4 Zweige Rosmarin
- 4 Zweige Thymian
- 4 Lammhaxen
- 1 TL Kreuzkümmel
- Abrieb von 1 Zitrone
- Salz
- frisch gemahlener schwarzer Pfeffer
- 500 g Kirschtomaten
- 100 ml Olivenöl
- 3 EL Zucker
- Kerntemperaturfühler (optional)

Gremolata

- 4 Knoblauchzehen
- 2 Zweige Rosmarin
- 2 Zweige Thymian
- 5 Salbeiblätter
- 5 EL Petersilie
- 4 ganze Zitronen
- grobes Meersalz
- ca. 100–150 ml Olivenöl

Kartoffelpüree

- 1 kg mehligkochende Kartoffeln
- 200 ml Milch
- Muskat
- Salz
- 250 g Butter
- 1 Zweig Thymian
- frisch gemahlener schwarzer Pfeffer

Zubereitung:

Lammhaxe

Den Knoblauch schälen. Rosmarin und Thymian waschen und trocken schütteln.

Die Lammhaxe von Fett und Sehnen befreien und mit dem Knoblauch, Rosmarin, Thymian, Kreuzkümmel und dem Schalenabrieb der Zitrone einreiben und dann von allen Seiten scharf anbraten. Mit Salz und Pfeffer würzen. Bei circa 120 °C in den Ofen geben und so lange schmoren, bis das Fleisch butterzart ist.

Die Kirschtomaten mit Olivenöl, Salz, Pfeffer und Zucker marinieren und für die letzte ½ Stunde zum Lamm in den Ofen schieben.

Semis Tipp:

Mit einem schmalen Küchenmesser in das Fleisch einstechen – wenn die Lammhaxen von allein vom Messer rutschen, sind sie fertig. Wenn ein Kerntemperaturfühler vorhanden ist, eine Kerntemperatur von circa 58 °C eingeben.

Gremolata

Für die Gremolata den Knoblauch zerdrücken und alle Kräuter waschen und sehr fein hacken. Den Knoblauch, die Kräuter, den gelben Außenrand der Zitronenschale, etwas grobes Meersalz und das Olivenöl vermischen.

Kartoffelpüree

Die Kartoffeln waschen, schälen, kochen und pressen. Die Milch mit Muskat, Salz, Butter und dem Thymianzweig einmal aufkochen und mit den gekochten und gepressten Kartoffeln stampfen. Mit Pfeffer abschmecken.

Semis Tipp:

Wer keine Stückchen in seinem Püree haben möchte, drückt die Kartoffelmasse durch ein feines Haarsieb.

SEMIS MASSAMAN-CURRY-BEEF

Zutaten:

- 400 g Flank Steak
- 1 Stück Ingwer (2 cm)
- 2 EL Erdnüsse
- 1 gekochte Kartoffel
- 1 Schalotte
- 3 EL neutrales Pflanzenöl (z. B. Erdnuss- oder Sonnenblumenöl)
- selbst gemachte Currypaste (siehe »Kleine Kochschule«, ab Seite 133)
- 300 ml Kokosmilch
- 300 ml Wasser
- 2 Kaffirlimettenblätter
- 2 TL Palmzucker
- 1 EL Tamarindenpaste
- 1 EL Fischsauce

Zubereitung:

Das Fleisch in 1,5 Zentimeter große Würfel schneiden. Den Ingwer reiben. Dann das Fleisch mit dem Ingwer für circa 15–30 Minuten marinieren. Die Erdnüsse trocken anrösten und abkühlen.

Die Kartoffel schälen und ebenfalls in große Würfel schneiden. Die Schalotte grob würfeln. Das Öl in einem Wok oder einer Pfanne erhitzen. Die Currypaste anrösten (nicht zu stark) und die Fleischwürfel darin anbraten. Mit Kokosmilch ablöschen, verrühren und Wasser dazugeben.

Das Ganze bei mittlerer Hitze aufkochen, bis sich an der Oberfläche ein Ölfilm bildet und es zu duften beginnt.

Die Kartoffeln und Schalotten zugeben und unter gelegentlichem Rühren weiterkochen. Dann die Erdnüsse, die Kaffirlimettenblätter, Palmzucker, Tamarindenpaste und Fischsauce unterheben. Das Curry noch einmal aufkochen. Wenn das Fleisch schön zart ist, in eine Schüssel umfüllen und servieren. Für extra Schärfe mit Scheiben von frischen Chilis garnieren. Zu einem thailändischen Massaman-Curry serviert man Duftreis.

MAKROUNA SALSA

Pikante Pasta mit viel Sauce

Zutaten:

- 50 ml Olivenöl
- ca. 1 kg Hähnchenkeulen, in der Mitte halbiert
- 3 Knoblauchzehen
- 3–4 EL Tomatenmark
- Harissa (Gewürzmischung)
- 2–3 Lorbeerblätter
- Salz
- 2 EL Kurkumapulver
- 1 TL Ras el-Hanout (orientalische Gewürzmischung)
- frisch gemahlener schwarzer Pfeffer
- 1 Dose Kichererbsen (250 g Abtropfgewicht)
- 3–4 Kartoffeln
- 1 rote milde Paprikaschote
- 2 grüne scharfe Peperoni
- 500 g Nudeln

Zubereitung:

Olivenöl in einem Topf erhitzen. Das Hühnchen mit Knoblauch und Tomatenmark darin etwas anrösten. Etwa ½ Liter heißes Wasser dazugeben und umrühren. 1 Esslöffel Harissa dazugeben, verrühren und circa 10 Minuten köcheln lassen.

2–3 Lorbeerblätter, Salz, Kurkuma, Ras el-Hanout und etwas Pfeffer dazugeben und umrühren. 1 weiteren Liter heißes Wasser dazugeben. Die Kichererbsen hinzufügen und ½ Stunde kochen lassen.

Die Kartoffeln schälen, vierteln und dazugeben. Alles so lange köcheln lassen, bis das Fleisch und die Kartoffeln gar sind. Dann mit Pfeffer würzen. Die Paprikaschote waschen, klein schneiden und dazugeben. Noch 5 Minuten köcheln lassen, bis die Sauce sichtbar dick geworden ist und sich ein leichter Ölfilm auf der Oberfläche gebildet hat.

Parallel die Nudeln al dente kochen.

Die Pasta mit ein wenig Sauce vermischen und auf dem Teller mit Fleisch, Gemüse und Kichererbsen servieren.

KNUSPRIG GEBRATENES WOLFSBARSCHFILET

(THE TASTE 2018)

Zutaten:

- 200 g Schalotten
- 500 g Butter
- 1 Blumenkohl-Kopf
- 1 l Sahne (30 % Fett)
- 1 Stück Wolfsbarsch (ca. 1–1,5 kg)
- 2 EL Olivenöl
- 1 TL Thymian
- 1 TL Rosmarin
- 1 Knoblauchzehe
- 1 EL Haselnüsse
- 1 Bund wilder Brokkoli
- 2 eingelegte Shiitakepilze (siehe »Kleine Kochschule«, ab Seite 133)
- 1 EL Sesam
- 2 EL Sojasauce

- Mixer

Zubereitung:

Die Schalotten schälen, in Würfel schneiden und in 50 Gramm Butter anschwitzen. Den Blumenkohl waschen, 3–5 Scheiben abschneiden und beiseitelegen, den Rest klein schneiden und zu den Schalotten geben. Mit Sahne ablöschen und so lange köcheln lassen, bis der Blumenkohl weich ist. Das Ganze im Mixer sehr fein pürieren.

Den Wolfsbarsch waschen, entschuppen, filetieren, die Gräten ziehen und portionieren.

Semis Tipp:

Wer darauf keine Lust hat, kann den Wolfsbarsch schon fertig vorbereitet bestellen.

Den Wolfsbarsch in etwas Olivenöl auf der Hautseite langsam anbraten. Den Thymian und Rosmarin waschen, trocken schütteln und fein hacken, die Knoblauchzehe andrücken, 100 Gramm Butter hinzugeben und einmal aufschäumen.

Parallel dazu für die Nussbutter 250 Gramm Butter so lange köcheln, bis sie anfängt braun zu werden. Dann durch ein Tuch oder Küchenpapier passieren. Die Haselnüsse kurz in einer Pfanne ohne Fett anrösten.

Nun die Blumenkohlscheiben sowie den wilden Brokkoli in 100 Gramm Butter anbraten. In das Blumenkohlpüree circa 100 Gramm der Nussbutter einrühren und zusammen mit dem Wolfsbarsch anrichten. Mit den eingelegten Shiitakepilzen und einem Crunch aus Sesam und gerösteten Haselnüssen servieren. Etwas von der Nussbutter mit der Sojasauce locker verrühren und das Gericht damit garnieren.

Dieses absolut geschmackvolle Gericht hat mich bis ins Finale von *The Taste 2018* getragen.

GEGRILLTES TOMAHAWK STEAK VOM RIND

mit geflämmtem Lauch

Zutaten:

Steak

- 1 Stück Tomahawk-Steak vom Rind (ca. 1–1,5 kg)
- 1 Rispe Kirschtomaten
- grobes Meersalz
- frisch gemahlener schwarzer Pfeffer

Knoblauch-Kräuterbutter

- 250 g Butter
- 3 Knoblauchzehen
- 2 EL gehackte Petersilie
- 2 EL gehackter Schnittlauch
- Abrieb von 1 Zitrone
- 1 TL Salz

Geflämmter Lauch

- 2 Bund Lauch
- 200 g Schalotten

Zubereitung:

Steak

Das Steak 45 Minuten vor dem Zubereiten aus dem Kühlschrank nehmen und Raumtemperatur annehmen lassen. Den Grill stark erhitzen und das Tomahawk-Steak von beiden Seiten 2–3 Minuten scharf grillen.

Nun das Fleisch mit den Kirschtomaten bei 120 °C in den Ofen schieben oder in die indirekte Hitze auf dem Grill legen und fertig garen. Die gewünschte Kerntemperatur bei medium liegt zwischen 54 und 56 °C.

Nach dem Erreichen der gewünschten Kerntemperatur das Steak 5–10 Minuten ruhen lassen. In dieser Zeit den Lauch und die Schalotten grillen.

Knoblauch-Kräuterbutter

Die gut weiche Butter in ein Gefäß füllen. Anschließend den Knoblauch abziehen und sehr fein reiben.

Dann die Petersilie und den Schnittlauch verlesen, waschen und mit Küchenkrepp trocken tupfen. Danach die Kräuter mit der Hand sehr klein schneiden.

Alle Zutaten mit dem Salz zur Butter geben und mit dem Rührgerät kurz vermischen. Zum Schluss die Butter in ein Glas geben und kalt stellen.

Geflämmter Lauch

Den jungen Lauch halbieren und mit den Schalotten auf dem Grill sehr scharf anbraten, sodass er richtig schöne Grillmuster bekommt.

Finish

Das Steak in Scheiben schneiden (gegen die Faser schneiden), mit grobem Meersalz und Pfeffer würzen und später mit dem Lauch, den Schalotten und den geschmorten Kirschstrauchtomaten servieren.

PASTA PAPPARDELLE

mit Garnelen

Zutaten:

- ca. 400 g frische Riesengarnelen
- 3–5 Knoblauchzehen
- 2 frische rote Chilischoten
- 1 Bund Lauch
- Salz
- 500 g Pappardelle
- 6 EL Olivenöl
- frisch gemahlener schwarzer Pfeffer
- 1 Stück Parmigiano Reggiano oder Grana Padano (mindestens 24 Monate gereift) zum Garnieren

Zubereitung:

Die Garnelen schälen, den Rücken einschneiden und den Darm herausziehen. Dann gründlich waschen und halbieren. Den Knoblauch schälen und in dünne Scheiben schneiden. Die Chilischoten und den Lauch in Ringe schneiden.

Semis Tipp:

Wer es nicht ganz so scharf mag, kann die Chilischoten vorher der Länge nach halbieren und die Kerne und Mittelhäute herauskratzen.

Einen Topf Wasser aufsetzen und erhitzen. Das kochende Wasser salzen und die Pappardelle darin nach Packungsanleitung sehr bissfest kochen.

Das Olivenöl in einer breiten Pfanne erhitzen und die Garnelen darin rundum circa 2 Minuten scharf anbraten. Knoblauch und Chili kurz mit anbraten.

Die Pappardelle abseihen, dabei circa 100 Milliliter Nudelwasser auffangen. Die Pappardelle mit dem aufgefangenen Nudelwasser und dem Lauch zu den Garnelen in die Pfanne geben und ordentlich schwenken. Mit Salz und Pfeffer abschmecken.

Auf einem tiefen Teller anrichten, mit geriebenem Parmesan bestreuen und servieren.

GESCHMORTES KURKUMA-OFENHÜHNCHEN

Zutaten:
- 4 Hähnchenkeulen
- 5 Kartoffeln
- 1 rote Paprikaschote
- 1 gelbe Paprikaschote
- 2 Zucchini
- 4 Tomaten
- 3 Zwiebeln
- ca. 1 l heißes Wasser
- 3 Knoblauchzehen
- 2 EL Olivenöl
- 2–3 EL Honig
- 1 TL Harissa (Gewürzmischung)
- Salz
- frisch gemahlener schwarzer Pfeffer
- 3 Lorbeerblätter
- 1 EL Kurkumapulver
- 1 EL Ras el-Hanout (orientalische Gewürzmischung)

Zubereitung:

Die Hähnchenkeulen in der Mitte halbieren. Die Kartoffeln, Paprika, Zucchini und Tomaten waschen und klein schneiden. Die Zwiebeln schälen und ebenfalls klein schneiden.

Das heiße Wasser auf ein tiefes Backblech geben. Den Knoblauch hacken. Zusammen mit Olivenöl, Honig, Harissa sowie allen restlichen Gewürzen dazugeben und zu einer Marinade verrühren.

Den Backofen auf 180 °C Umluft vorheizen. Jetzt das Hühnchen und das klein geschnittene Gemüse auf das Blech geben und alles vermischen. Nun für circa 45 Minuten in den vorgeheizten Backofen geben. Danach sofort heiß servieren.

FRICASSÉE TUNISIENNE

Gebackene Teigtaschen zum Selberfüllen

Zutaten:

Teig

- 1 Würfel frische Hefe
- 250 ml lauwarmes Wasser
- 500 g Mehl und etwas mehr zum Bestäuben
- 1 Prise Zucker
- 1 Prise Salz
- Frittieröl
- 5 EL Olivenöl

- Küchenmaschine

Füllung

- 2–3 Kartoffeln
- 2 Eier
- 2 Messerspitzen Harissa (Gewürzmischung)
- 2 eingelegte Gurken, in Stifte geschnitten
- 125 g Thunfisch in Olivenöl
- 20 schwarze Oliven
- 1 EL Kapern

Zubereitung:

Teig

Die Hefe mit etwas von dem lauwarmen Wasser anrühren und kurz quellen lassen. Mehl, Zucker, Salz und das restliche Wasser in eine Rührschüssel geben. Mit der Küchenmaschine kurz vermischen. Die Hefe mit dem Olivenöl zum Teig geben und 20 Minuten in der Küchenmaschine gut durchkneten lassen. Mit einem feuchten Geschirrtuch abdecken und an einem warmen Ort 2 Stunden gehen lassen.

Danach 12 Brötchen daraus formen und auf ein mit Mehl bestäubtes Geschirrtuch legen. Die Brötchen leicht von oben mit Mehl bestäuben. Mit einem weiteren Tuch abdecken und nochmals 1 Stunde an einem warmen Ort gehen lassen.

Das Frittieröl auf circa 175 °C erhitzen und die Brötchen nach und nach darin ausbacken. Die Brötchen beim Frittieren immer wieder wenden, damit sie gleichmäßig braun gebacken werden. Auf Küchenpapier abtropfen lassen.

Füllung

Die Kartoffeln und die Eier kochen. Alle Zutaten für die Füllung bereitstellen.

Die Harissa-Gewürzmischung mit Wasser zu einer Sauce anrühren. Die Brötchen längs aufschneiden und die Innenflächen mit der Sauce bestreichen. Nach Belieben mit Kartoffeln, Eiern, eingelegten Gurken, Thunfisch, Oliven oder Kapern füllen.

Semis Tipp:

Ideal als Party-Häppchen!

KLASSISCHER GÄNSEBRATEN

mit Maronen-Orangen-Creme

Die Gans gehört nicht nur im Pott in der Herbst- und Winterzeit zur bedrohten Spezies. Wir bereiten sie mit den klassischen Zutaten Rotkohl, Klößen und einer schmackhaften Füllung zu. Das i-Tüpfelchen ist eine nussig-fruchtige Maronen-Orangen-Creme. Für dieses Rezept braucht man ein bisschen Zeit und Muße, so wird der Rotkohl schon am Vortag eingelegt. Das Rezept ist auf vier Personen ausgelegt.

Zutaten:

Rotkohl (am Vortag vorbereiten)

- 1 Rotkohl-Kopf
- 2 EL Honig
- 2 EL Johannisbeergelee
- 1 EL Preiselbeeren
- 2 EL Rübenkraut-Sirup
- ½ frisch geschälte Orange
- 100 g Zucker
- 3–4 EL Apfelkompott
- 1 Spritzer Apfelessig
- 1 Lorbeerblatt
- 1 TL Lebkuchengewürz
- Salz
- frisch gemahlener schwarzer Pfeffer
- 2 gehäufte EL Gänseschmalz
- 1 Spritzer Apfelkorn oder Apfelsaft

Füllung

- 2 Äpfel (Elstar oder Boskop)
- 1 Bio-Orange
- 2 Zwiebeln mit Schale
- Salz
- frisch gemahlener schwarzer Pfeffer
- 2 EL Beifuß, frisch oder gerebelt
- 50 ml Olivenöl

Zubereitung:

Rotkohl

Die äußeren Blätter des Rotkohls entfernen, den Strunk herausschneiden und vierteln. Mit der Hand oder Maschine in feine Streifen schneiden. In einen Behälter geben und mit Honig, Johannisbeergelee, Preiselbeeren, Rübenkraut-Sirup, der halben, in zwei Viertel geschnittenen Orange, Zucker, 3 Esslöffel Apfelkompott, Orangensaft, Apfelessig, Lorbeerblättern, Lebkuchengewürz, Salz und Pfeffer marinieren. Alles gut durchkneten und für ein bis zwei Tage abgedeckt im Kühlschrank ziehen lassen.

Alles in einen Topf oder Kessel geben, Gänseschmalz und nochmals etwas Apfelkompott, Salz und Pfeffer und etwas Wasser dazugeben. Eventuell mit Johannisbeergelee und Apfelkorn oder Apfelsaft abschmecken und das Ganze gar kochen, bis das Kraut schön glänzt.

Füllung

Die Äpfel waschen. Die Zwiebeln, die ungeschälte Orange und die Äpfel achteln und dann zusammen mit Salz, Pfeffer und Beifuß (seine neutralisierende Wirkung macht fette Speisen sehr viel bekömmlicher) mit gutem Olivenöl als Aromentransporter vermengen und einwirken lassen. Diese Arbeitsschritte kann man übrigens auch schon einen Tag vorher machen.

Gans

Wenn die ausgenommene Gans circa 4–5 Kilo wiegt, hat sie die ideale Größe. Die Fettdrüse am hinteren Teil der Gans abtrennen, weil diese beim Garen bitter wird. Vorne das überschüssige Fett wegschneiden und die Fettlappen gerade runterschneiden. Am besten geht das mit der Brustseite nach oben, weil man dann sieht, wo genau die Brust anfängt, und nicht zu viel wegschneidet. Außer der Drüse das Fett für Gänseschmalz aufbewahren. Die Innereien herausnehmen, die Leber separat aufbewahren, denn sie schmeckt als Gänseleberstreifen hervorragend zum Feldsalat (siehe Seite 36). Herz, Hals und Nieren können für wunderbare Fonds verwendet werden oder man friert sie einfach ein, falls man erst später dazu kommt.

Weiter geht's ↘

Die Flügel spreizen, am äußeren Gelenk abschneiden und mit zu den restlichen Innereien geben. Jetzt die Gans von innen und außen salzen, pfeffern und füllen. Die Keulen zusammendrücken und mit Küchengarn an den Knochen der Unterkeulen fest zubinden.

Wir beginnen beim Garen zunächst auf der Brustseite. Dazu die Gans auf ein tiefes Blech legen und circa ½ Stunde bei 165 °C stramm anbraten, sodass eine gute Bräune entsteht. Dann das Fett abgießen und als Schmalz aufbewahren. Das ist flüssiges Gold und schmeckt kalt hervorragend, zum Beispiel auf getoastetem Brot zum Bierchen.

Nun die Gans umdrehen, dabei auf den Rücken legen und das Blech mit etwas Wasser auffüllen. So brennt sie nicht an. Ab damit für eine weitere ½ Stunde in die Röhre, auch Backofen genannt, bei gleichbleibenden 160–165 °C.

1 Gans, ca. 4–5 kg, ausgenommen
- Salz
- frisch gemahlener schwarzer Pfeffer
- Füllung (siehe Teilrezept)

Gänsefond
- 1 große Zwiebel
- 400 g Äpfel
- 500 g Gänseklein (Flügel und Knochen)
- 1 l Apfelsaft
- 2–3 l kaltes Wasser
- Salz
- frisch gemahlener schwarzer Pfeffer

Backpflaumen-Sauce
- 200 g Zwiebel
- 3–4 EL Gänseschmalz
- 1 kg Backpflaumen
- 3 l Gänsefond
- 1 l Sahne
- Salz
- frisch gemahlener schwarzer Pfeffer
- 150 g Pflaumenmus
- 3–4 EL Speisestärke (optional)

Zwischendurch kontrollieren und hin und wieder das verdampfte Wasser etwas auffüllen. Und noch mal ½ Stunde bei gleicher Temperatur im Backofen lassen, bis das Wasser wieder verdampft ist.

Final das letzte Mal mit etwas Wasser auffüllen und wiederum ½ Stunde sanft die Hitze einwirken lassen, was die Gans geschmeidig hält und eine großartige Kruste erzeugt. Die gesamte Garzeit beträgt circa 2 Stunden.

Gänsefond

Die Zwiebeln und Äpfel (ungeschält) vierteln und zusammen mit dem Gänseklein auf ein Backblech geben. Im vorgeheizten Ofen etwa 20 Minuten bei circa 220 °C rösten.

Alles inklusive Zwiebeln und Äpfeln in einen Topf geben und mit 1 Liter Apfelsaft und so viel kaltem Wasser auffüllen, dass alles bedeckt ist. Jetzt mit Salz und Pfeffer würzen und einmal aufkochen. Aufsteigende Trübstoffe und Fett mit einer Kelle entfernen und bei kleiner Temperatur circa 2 Stunden leicht köcheln lassen.

Wer es gerne intensiver hat, kann den Fond für weitere 1–2 Stunden leicht köcheln lassen, damit er sich reduziert. Zwischendurch immer mal wieder Fett entfernen. Final durch ein feines Passiertuch geben und fertig. Der Ansatz ergibt circa 2–3 Liter Gänsefond.

Backpflaumen-Sauce

Die Zwiebeln schälen und mit einem scharfen Messer würfeln. Nun das Gänseschmalz in einem Topf erhitzen und die gewürfelten Zwiebeln darin glasig anschwitzen, die Backpflaumen dazugeben und mit anbraten.

Dann mit dem hausgemachten Gänsefond ablöschen und auf drei Viertel reduzieren, sodass sich die Aromen verdichten. Die Sahne dazugegeben und circa ½ Stunde leicht einköcheln lassen.

Weiter geht's ↘

Maronen-Orangen-Creme

- 1 kg Maronen
- 200 g Zucker (weiß oder braun)
- 100 g Butter
- 1,5 l frisch gepresster Orangensaft
- 250 ml Sahne
- Salz
- frisch gemahlener schwarzer Pfeffer

Kartoffelklöße

- 1 kg mehligkochende Kartoffeln
- 250 g Kartoffelmehl
- 1 Ei
- Salz
- Muskatnuss nach Belieben

Mit Salz und Pfeffer abschmecken und in einem Mixer fein pürieren. Durch ein Sieb in einen anderen Topf geben und noch einmal aufkochen.

Das Pflaumenmus dazugeben und gegebenenfalls noch mal mit Salz und Pfeffer abschmecken. Ist es zu flüssig, etwas mit in Gänsefond aufgelöster Speisestärke binden.

Maronen-Orangen-Creme

Die Maronen vor der Verwendung schälen. Vorsichtig mit einem kleinen spitzen Messer arbeiten.

Zucker in einen Topf geben und bei mittlerer Hitze karamellisieren. Achtung, das geht ganz fix und darf nicht zu dunkel werden, sonst wird's bitter. Dann die Butter und die geschälten Maronen dazugeben und sofort mit dem Orangensaft ablöschen, damit nichts anbrennt.

Nun so lange köcheln lassen, bis sich der Zucker komplett aufgelöst hat. Jetzt folgt die Sahne dazu und noch einmal circa ¼ Stunde köcheln lassen. Final mit Salz und Pfeffer abschmecken und in einem Mixer sehr glatt pürieren. Sollte die Masse im Mixer zu dick sein, einfach mit etwas Orangensaft aufgießen, bis sie die gewünschte Konsistenz hat.

Semis Tipp:

Die Creme schmeckt sensationell zur Gans! Die Maronen-Orangen-Creme kann aber auch kalt als Brotaufstrich oder Dip verwendet werden.

Kartoffelklöße

Die Kartoffeln schälen, weich kochen, etwas abkühlen lassen und durch eine Kartoffelpresse oder ein großes Sieb durchdrücken. Die Kartoffelmasse in eine große Schüssel geben.

Dazu im Mischungsverhältnis 3 : 1 etwa 750 Gramm Kartoffelmasse mit 250 Gramm Kartoffelmehl zu einer geschmeidigen Masse kneten. Das Ei dazukneten. Mit etwas Salz würzen. Ich persönlich füge gerne einen Hauch von abgeriebener Muskatnuss hinzu.

Jetzt mittelgroße Klöße formen. Diese 5 Minuten sanft ins kochende Wasser gleiten lassen. Sobald sie nach oben schwimmen, herausnehmen, kurz abtropfen lassen, und schon sind sie servierfertig.

SHAKSHUKA

mit Merguez

Klingt orientalisch – ist es auch. »Shakshuka« bedeutet so viel wie Gemischtes. Und obwohl es so schwierig klingt, ist es so was von einfach! Gute Merguez kann man übrigens beim Marokkaner seines Vertrauens erwerben.

Zutaten:

- 8 Merguez-Würste (Wurst aus Rind und Lamm, pikant im feinen Darm)
- 1 große Zwiebel
- 1 Knoblauchzehe
- 1 Paprikaschote
- 1 frische Chilischote
- 1 Dose Tomaten oder 6 große Tomaten
- 3 EL Olivenöl
- 2 EL Tomatenmark
- 1 TL Kreuzkümmel
- 1 TL Paprikapulver edelsüß
- 1 TL Meersalz
- frisch gemahlener schwarzer Pfeffer
- 1 Prise Zucker
- 1 TL Chilipulver
- 4 Eier
- ½ Bund glatte Petersilie

Zubereitung:

Die Merguez in mundgerechte Stücke schneiden. Die Zwiebel abziehen und fein hacken, ebenso den Knoblauch. Die Paprika- und Chilischote waschen, putzen und klein schneiden. Wenn frische Tomaten verwendet werden, diese grob zerkleinern. Olivenöl in einer großen Pfanne erhitzen. Zwiebel, Knoblauch, Paprika sowie Chili und Merguez circa 5 Minuten unter Rühren in einer Pfanne anschwitzen.

Tomaten und Tomatenmark dazugeben und circa 15 Minuten bei kleiner bis mittlerer Hitze offen köcheln lassen. Ordentlich mit Kreuzkümmel, Paprikapulver, Meersalz, Pfeffer, Zucker und Chilipulver würzen.

Dann mit einem Esslöffel 4 Mulden für die Eier in die Tomatenmasse drücken und jeweils 1 rohes Ei hineingeben. Mit dem Kochlöffelstiel das Eiweiß in 8er-Bewegungen ganz vorsichtig verrühren, sodass das Eigelb nicht verletzt wird.

Den Deckel auflegen und circa 5 Minuten weiterköcheln lassen. Jetzt ist Gefühl gefragt, denn das pochierte Ei soll innen noch leicht flüssig sein.

Die Petersilie waschen, trocken schütteln und grob zerkleinern. Zum Anrichten die Petersilie darüberstreuen.

Dazu passt ein frisches Bauernbrot oder Baguette.

STEAK SANDWICH

Zutaten:

- 250 g Rumpsteak (gilt noch als Carpaccio bis 400 g!)
- 40 cm Sauerteigbrot
- etwas Sonnenblumenöl
- 2 EL Schmand
- 3 EL Mayonnaise
- 1 TL grober Dijonsenf
- 1 EL Essiggurkenwasser
- Salz
- frisch gemahlener schwarzer Pfeffer
- 1 Zwiebel
- 1 frische Gurke
- 2 große Tomaten
- 100 g Rucola
- 1 EL Gartenkresse

Zubereitung:

Steak aus dem Kühlschrank nehmen und auf Zimmertemperatur erwärmen lassen.

Das Brot in 2 Zentimeter dicke Scheiben schneiden und von beiden Seiten in der Pfanne oder auf dem Grill anrösten.

In einer Pfanne etwas Sonnenblumenöl erhitzen. Das Steak darin 3–5 Minuten medium anbraten. Das Steak anschließend noch kurz ruhen lassen, damit sich der Saft im Fleisch verteilt und nicht ausläuft.

In der Zwischenzeit für die Sauce den Schmand, die Mayonnaise, den Dijonsenf und das Essiggurkenwasser mischen und mit Salz und Pfeffer würzen. Die Zwiebel schälen, Gurke und Tomaten waschen und alles in Scheiben schneiden. Den Rucola waschen und trocken schleudern und das Steak in dünne Streifen schneiden.

Beide Brotscheiben mit der Sauce bestreichen und nach Belieben mit Gemüse und Steak belegen. Mit Gartenkresse garnieren.

SEMI FINALE

Auch hier gibt‘s keine halben Sachen, denn das Küchen-Küsschen kommt zum Schluss! Süß, verführerisch und doch so unwiderstehlich ohne Schnickschnack.

MOUSSE AU CHOCOLAT

mit Erdbeerragout und Kürbiskernkrokant

Zutaten:

Mousse

- 150 g Zucker
- 6 Eier
- 500 g Zartbitter-Kuvertüre
- 1 kg Schlagsahne

Erdbeerragout

- 150 g Zucker
- 1 l Rotwein
- ½ Vanilleschote
- ½ Zimtstange
- 1–2 EL Speisestärke
- 500 g TK-Erdbeeren

Kürbiskernkrokant

- 200 g Kürbiskerne
- 50 g Puderzucker
- 1 Prise Salz

Zubereitung:

Mousse

Den Zucker mit den Eiern über nicht siedendem Wasser schaumig schlagen. Die Kuvertüre schmelzen und lauwarm in die Eiermasse einrühren. Wenn diese Masse abgekühlt ist, die Sahne fest aufschlagen und vorsichtig unterheben. Mindestens 2 Stunden kalt stellen.

Erdbeerragout

Den Zucker in einem Töpfchen hellbraun karamellisieren und mit Rotwein ablöschen. Die Gewürze dazugeben und auf etwas mehr als die Hälfte einkochen. Mit ein wenig Speisestärke abbinden und über die Erdbeeren gießen.

Kürbiskernkrokant

Die Kürbiskerne klein hacken und vorsichtig mit dem Puderzucker und der Prise Salz hellbraun rösten. Dabei zuerst die Kerne anrösten, dann nach und nach den Puderzucker dazugeben und karamellisieren lassen.

Finish

Zum Servieren die Mousse und das Ragout auf einen flachen Teller anrichten und mit dem Krokant bestreuen.

VANILLE-CRÈME-BRÛLÉE

mit Beerensalat

Zutaten:

Crème brûlée

- 400 g Sahne
- 6 Eigelb
- 60 g Zucker
- ½ Vanilleschote
- 1 EL brauner Zucker (zum Abbrennen)

Beerensalat

- 400 g Beeren
- 50 g Galliano (Vanillelikör)
- 50 g Läuterzucker
- 1 Bund Minze

- Flambierbrenner
- Feuerfeste Förmchen

Zubereitung:

Crème brûlée

Alle Zutaten bis auf den braunen Zucker mit einem Schneebesen verrühren und abgedeckt im Kühlschrank mindestens ½ Stunde ziehen lassen. Dann durch ein feines Sieb passieren und in Förmchen füllen. Bei circa 90 °C im Backofen pochieren.

Beerensalat

Die Beeren waschen und vierteln. Mit dem Läuterzucker und dem Galliano marinieren. Kurz vor dem Anrichten die Minze fein hacken. Ein paar Blättchen für die Garnitur beiseitelegen, den Rest daruntermischen.

Semis Tipp:

Läuterzucker vorher herstellen und abkuhlen lassen. Dazu 100 Milliliter Wasser und 100 Gramm Zucker aufkochen, bis der Zucker sich aufgelöst hat.

Finish

Nachdem die Creme abgekühlt ist, fein mit dem braunen Zucker bestäuben. Den Zucker mit einem Brenner karamellisieren und alles mit dem Beerensalat und etwas Minze garnieren.

INGWER-MUFFIN

mit Feige und Walnuss

Zutaten:
Muffins
- 175 g weiche Butter
- 175 g Puderzucker
- 3 Eigelb
- 2 Eier
- 2 EL Rum
- 10 g frisch geriebener Ingwer
- 100 g Mehl
- 75 g gemahlene Walnüsse
- 1 TL Backpulver
- 1 Messerspitze Zimtpulver

Karamellisierter Walnusskernbruch
- 60 g Walnusskernbruch
- 50 g Puderzucker
- 1 Prise Salz

- 2 Feigen

- 12 Papierförmchen
- Muffinblech

Zubereitung:
Den Backofen auf 180 °C Umluft vorheizen. 12 Papierförmchen in die Mulden eines Muffinblechs setzen.

Muffins
Die Butter mit 100 Gramm Puderzucker weiß und schaumig rühren.

Die Eigelbe, Eier, Rum, geriebenen Ingwer und den restlichen Puderzucker schaumig schlagen. Das Mehl mit den Nüssen, dem Backpulver, Zimt und Salz mischen. Die Eiermasse unter die schaumige Butter heben und anschließend die Mehlmischung einrühren.

Karamellisierter Walnusskernbruch
Den Walnusskernbruch vorsichtig mit dem Puderzucker und der Prise Salz hellbraun rösten. Dabei zuerst die Nüsse anrösten, dann nach und nach den Puderzucker dazugeben und karamellisieren lassen.

Finish
Den Teig in die Papierförmchen füllen und im Backofen circa 25 Minuten backen. Aus dem Ofen nehmen und die Förmchen aus dem Blech holen. Auskühlen lassen und mit karamellisiertem Walnusskernbruch und frischen Feigenvierteln garniert servieren.

SAFTIGE SCHOKOLADEN-DATTEL-TARTE

mit Mango und Passionsfrucht

Zutaten:

Fondant

- 185 g Butter
- 185 g Zartbitter-Kuvertüre
- 150 g pürierte Datteln
- 3 Eier
- 375 g Zucker
- ½ TL Backpulver
- 800 g Mandelgrieß
- 165 g Mehl

Ragout

- 2 Mangos – verzehrfertig und nicht zu hart
- 100 ml Weißwein
- 100 ml Passionsfrucht-Püree
- ½ Vanilleschote
- etwas Speisestärke (optional)
- 2–3 EL Zucker

Zubereitung:

Fondant

Für den Fondant die Butter und Kuvertüre zusammen über einem Wasserbad auflösen. Parallel die Eier und den Zucker schaumig schlagen. Die Butter-Schokoladen-Mischung vorsichtig und langsam unter die Eiermasse rühren. Dann das Dattelpüree einrühren. Backpulver, Mandelgrieß und Mehl vermischen und vorsichtig unter die Masse heben. Auf ein mit Backpapier ausgelegtes Blech geben und ½ Stunde bei 180 °C backen.

Ragout

Für das Ragout die Mangos schälen und in kleine Würfel schneiden. Zucker in einen Topf geben und leicht karamellisieren lassen. Mit dem Weißwein ablöschen. Vanille dazugeben und etwas einköcheln. Dann mit dem Passionsfrucht-Püree auffüllen. Wenn die Masse nicht dick genug ist, mit ein klein wenig Stärke nachbinden. Zum Schluss die Mangowürfel dazugeben.

Finish

Das Ragout auf dem gebackenen Fondant verteilen und servieren.

Semis Tipp:

Wer keinen Weißwein verwenden möchte, kann ihn durch einen Fruchtsaft ersetzen.

ROTE GRÜTZE

mit Vanillesauce

Zutaten:

- 2–3 TL Puderzucker
- 180 ml Rotwein oder Traubensaft
- 1 EL Speisestärke
- 200 g TK-Beerenmischung
- 250 g Milch
- 250 g Sahne
- 1 Vanilleschote
- 10 Eigelb
- 100 g Zucker

Zubereitung:

Etwas Puderzucker in einem Topf karamellisieren und mit Rotwein oder Traubensaft ablöschen. 5 Minuten einköcheln lassen und dann mit etwas Speisestärke binden. Über die gefrorenen Beeren geben.

Für die Vanillesauce Milch und Sahne mit der Vanilleschote aufkochen. Eigelbe und Zucker schaumig schlagen und die Vanillesahne unter starkem Rühren eingießen. Über dem Wasserbad so lange rühren, bis die Masse beginnt dick zu werden. Danach die Masse durch ein feines Sieb passieren und bis zum Servieren kalt stellen.

GERÖSTETER NUSSBROWNIE

Zutaten:

- 195 g Butter
- 285 g Zucker
- 100 g Nüsse (wahlweise Walnüsse, Cashewkerne, Haselnüsse oder ein Nussmix)
- 250 g Zartbitterschokolade
- 125 g Mehl
- 2 EL Kakao
- ½ TL Backpulver
- 4 Eier
- ½ TL Salz
- Mark von 1 Vanilleschote

Zubereitung:

In einer beschichteten Pfanne 20 Gramm Butter und 60 Gramm Zucker bei mittelhoher Hitze zum Schmelzen bringen. Sobald die Masse zu karamellisieren beginnt, sofort die Nüsse dazugeben. Das Ganze gut verrühren, bis die Nüsse von allen Seiten mit Karamell überzogen sind. Darauf achten, dass Karamell und Nüsse nicht zu dunkel werden, da sie sonst bitter schmecken und ungenießbar werden. Auf ein Stück Backpapier geben und abkühlen lassen. Die abgekühlten Nüsse grob mit einem Messer hacken.

Den Backofen auf 175 °C Ober-/Unterhitze vorheizen.

Schokolade und die restliche Butter (175 Gramm) in eine Metallschüssel geben, über einem Wasserbad schmelzen und beiseitestellen. Mehl mit Kakao und Backpulver mischen, auch beiseitestellen.

In einer weiteren Schüssel die Eier mit dem restlichen Zucker, Salz und Vanillemark mehrere Minuten weiß-schaumig schlagen. Unter Rühren und in einem dünnen Strahl die flüssige Schokoladen-Butter-Mischung zugeben. Die Mehl-Kakao-Mischung über die Mischung sieben und vorsichtig unterheben.

Eine Hälfte des Teigs in eine mit Backpapier ausgelegte Form geben und zwei Drittel der Nüsse darüberstreuen. Den Rest des Teigs darüber verteilen und glatt streichen. Die restlichen Nüsse darüberstreuen. Im vorgeheizten Ofen circa ½ Stunde backen. Die Form nach 15 Minuten um 180° drehen. Nach 25 Minuten den Garpunkt kontrollieren, dafür mit einem Stäbchen in die Mitte des Teigs stechen. Der Teig darf nicht vollständig durchbacken!

Die Form aus dem Ofen nehmen und vor dem Servieren vollständig auskühlen lassen.

SCHICHTDESSERT

von Nougat, Schokolade, Aprikose und Nüssen

Zutaten:

Mousse

- 150 g Zucker
- 6 Eier
- 250 g Zartbitter-Kuvertüre
- 250 g Nougat
- 1 kg Schlagsahne

Aprikosenkompott

- 200 g Zucker
- 500 g TK-Aprikosen
- 1 Zweig Thymian
- ½ Vanilleschote
- 200 g Gelierzucker

Nusskrokant

- 200 g Haselnüsse
- 50 g Puderzucker
- 1 Prise Salz nach Gusto

Zubereitung:

Mousse

Den Zucker mit den Eiern über nicht siedendem Wasser schaumig schlagen. Die Kuvertüre und das Nougat schmelzen und lauwarm in die Eiermasse einrühren. Wenn diese Masse abgekühlt ist, die Sahne fest aufschlagen und vorsichtig unterheben. Mindestens 2 Stunden kalt stellen.

Aprikosenkompott

Für das Aprikosenkompott den Zucker in einem Töpfchen hellbraun karamellisieren und die tiefgekühlten Aprikosen sowie Thymian, Vanilleschote und Gelierzucker dazugeben und zu einem groben Kompott einkochen.

Nusskrokant

Die Haselnüsse klein hacken und vorsichtig mit dem Puderzucker und optional 1 Prise Salz hellbraun rösten. Dabei zuerst die Nüsse anrösten und dann nach und nach den Puderzucker dazugeben.

Finish

Die Mousse und das Kompott schichtweise in Gläser füllen und kalt stellen. Kurz vor dem Anrichten mit den Nüssen garnieren.

SOEHNLE
300

KLEINE KOCHSCHULE

Hier findet ihr alles vom Küchenhelferlein bis zur Geschmacksrakete. Schöne Dinge, die ratzfatz gemacht sind und die man immer zu Hause haben sollte.

EINE BEIZE FÜR ALLE FÄLLE

Zutaten für 1 kg Fisch oder Fleisch:

- 45 g Zucker
- 30 g Salz
- 10 g Pökelsalz
- 95 g gutes Olivenöl
- 25 g Blattpetersilie
- 15 g Basilikum
- 15 g Dill
- 10 g frischer Koriander
- 1 TL gehackter Thymian
- ½ fein gehackte Knoblauchzehe
- 2 g zerstoßene Wacholderbeeren
- 2 g gestoßene Pfefferkörner
- 2 g Senfkörner
- 2 g Koriandersaat
- Saft und geriebene Schale von 1 Zitrone

Zubereitung:

Alle Zutaten miteinander vermischen. Den Fisch oder das Fleisch in der Beize circa 24 Stunden einlegen. Danach rausholen und ganz vorsichtig abwaschen und schön trocken tupfen.

BLITZ-VINAIGRETTE

Zutaten:

- 70 ml Wasser
- 40 ml Aceto balsamico bianco
- 20 ml Wasser
- 2 TL scharfer Senf
- Salz
- 2 TL Honig
- 1 Knoblauchzehe
- 1 Zwiebel
- 40–50 ml gutes Olivenöl
- frisch gemahlener schwarzer Pfeffer
- 1 Prise Zucker

Zubereitung:

Den Essig mit Wasser, Senf, Salz und Honig verrühren. Die Knoblauchzehe und die Zwiebel putzen, fein schneiden und dazugeben. Dann das Öl in einem dünnen Strahl einrühren, bis es emulgiert, das heißt, dass sich die Flüssigkeiten dicklich verbinden. Nochmals mit Salz, Pfeffer und Zucker abschmecken.

BASIC-GEFLÜGELBRÜHE

Zutaten:

- 1 ganzes ausgenommenes Huhn
- 70 g Lauch (weißer Teil)
- 20 g Karotten
- 20 g Sellerie
- 1 Kräutersträußchen (Petersilienstiele, Lorbeerblatt, Thymian, Schalotte)
- 40 ml Weißwein
- 6 g Salz

Zubereitung:

Das Huhn mit kaltem Wasser aufsetzen und einmal aufkochen, dann langsam weiterköcheln. Karotten und Sellerie waschen, putzen und klein schneiden. Nach circa 1,5 Stunden das Gemüse, das Kräutersträußchen, Weißwein und Salz dazugeben. Weitere 1,5 Stunden leise köcheln lassen und immer wieder den Schaum und das aufsteigende Fett entfernen und etwas Wasser nachgießen. Die fertige Brühe durch ein Tuch passieren.

Semis Tipp:

Durch weiteres Einkochen der fertigen Brühe erhält man einen Geflügelextrakt. Dieser ist ideal zum Verstärken des Geschmacks von Saucen und Suppen.

BLITZ-HOLLANDAISE UND -BÉARNAISE

Sauce hollandaise
Zutaten für ca. 1,25 l

- 15 Pfefferkörner, schwarz
- 2 Schalotten
- 4 EL Weißweinessig
- 8 EL Weißwein
- 13 EL Wasser
- 900 g Butter
- 10 Eigelb
- Salz
- Saft von 1 Zitrone

- 1 Prise Zucker

Sauce béarnaise
Zutaten

- 8 EL Weißwein
- 4 EL Weißweinessig
- 15 Pfefferkörner, schwarz
- 1 Zweig Kerbel
- 1 Zweig Estragon

Zubereitung:
Sauce hollandaise

Die Pfefferkörner grob zerdrücken, die Schalotten abziehen und würfeln. Essig, Weißwein und 8 Esslöffel Wasser zum Kochen bringen, auf ein Drittel reduzieren und abseihen. Die Butter zerlassen und etwas braun werden lassen. Die Eigelbe zusammen mit 5 Esslöffel Wasser und der Reduktion verrühren und in eine Metallschüssel abseihen. Auf einem Wasserbad mit mäßig heißem Wasser aufschlagen, bis die Masse andickt. Die warme, braune Butter in einem dünnen Strahl unter die Eigelbmasse rühren. Mit Zitronensaft und Salz abschmecken.

Sauce béarnaise

Weißwein, Essig und einige zerdrückte Pfefferkörner einkochen und passieren, wie bei der Hollandaise beschrieben. Die Sauce béarnaise wird mit dieser Reduktion, gehacktem Kerbel und Estragon abgeschmeckt.

CURRYPASTE

Eine richtige Massaman-Currypaste herzustellen ist eine Kunst. Die wichtigste »Zutat« ist ein stabiler Mörser aus Stein. Mit dem Stößel werden die Zutaten so lange zerstampft, zerstoßen und zerrieben, bis eine aromatische und homogene Masse entsteht.

Trockene Zutaten:
- 1 EL Fenchelsamen
- 1 TL Kardamomkapseln
- 2 EL Koriandersamen
- 1 EL Nelken
- 1 EL ganze schwarze Pfefferkörner
- 1 TL Kreuzkümmel
- 1 Zimtstange
- 2 Stück Sternanis
- 2 EL Erdnüsse
- 3 große rote getrocknete Chilischoten (ohne Kerne)

Frische Zutaten:
- 5 Thai-Schalotten
- 5 thailändische Knoblauchzehen (oder 2–3 normale)
- 1 Stück Galgant (ca. 3–4 cm)
- 2 Stängel Zitronengras (nur der vordere weiche Teil)
- 1 TL Garnelenpaste
- ½ TL Salz

- Steinmörser

Zubereitung:
Als Erstes die trockenen Zutaten für circa 3–4 Minuten ohne Öl anrösten, bis sie ihren Duft entfalten. Beiseitestellen und abkühlen lassen.

Dann die Schalotten und den Knoblauch schälen und in Scheiben schneiden. Den Galgant schälen und ebenfalls in feine Scheiben schneiden. Das Zitronengras in dünne Ringe schneiden. Schalotten, Knoblauch, Galgant und Zitronengrasringe ohne Öl anrösten und danach abkühlen lassen.

Die trockenen Zutaten im Mörser zu feinem Pulver zerstoßen. Nun die Garnelenpaste, das Salz sowie Knoblauch, Schalotten, Zitronengras und Galgant nach und nach hinzufügen. Die Masse zu einer dicken, sämigen Paste zerreiben.

BÄRLAUCHPESTO

Zutaten:

- 500 g Bärlauch
- 50 g Pinienkerne
- 50 g Parmesan (mindestens 24 Monate gereift)
- 2 TL Salz
- 160 ml Rapsöl

- Mixer

Zubereitung:

Den Bärlauch waschen, trocken tupfen und klein schneiden. Die Pinienkerne ohne Fett in der Pfanne anrösten und grob zerhacken. Den Parmesan fein reiben. Bärlauch, Salz und Öl in den Mixer geben und mixen. Wenn das Pesto zu dickflüssig ist, mehr Öl dazugeben. Abschmecken und eventuell noch nachsalzen. Nun die gehackten Pinienkerne und den geriebenen Parmesan unterheben.

Das Bärlauchpesto hält sich im Kühlschrank mindestens zwei Wochen. Alternativ lässt sich das Pesto auch portionsweise einfrieren.

BASIC-TOMATENSAUCE

Zutaten:
- 800 g Tomaten
- 1 Dose geschälte Tomaten (ca. 850 ml)
- 1 Gemüsezwiebel
- 2 Knoblauchzehen
- 5 EL Olivenöl
- 1 EL Zucker
- Salz
- 2–3 Zweige Basilikum
- frisch gemahlener schwarzer Pfeffer

Zubereitung:
Die Tomaten waschen, die Stielansätze entfernen und grob würfeln. Die Dosentomaten auf ein Sieb geben, dabei den Saft auffangen. Die Dosentomaten ebenfalls grob würfeln und dabei die Stielansätze entfernen.

Zwiebel und Knoblauch schälen. Die Zwiebel würfeln, den Knoblauch in feine Scheiben schneiden. Das Öl in einem Topf erhitzen. Zwiebel und Knoblauch darin anschwitzen, mit Zucker bestreuen und karamellisieren lassen. Mit etwas Salz würzen.

Die frischen Tomaten und die Dosentomaten samt Saft dazugeben. Das Basilikum hinzufügen und die Sauce ohne Deckel circa 1 Stunde köcheln lassen. Ab und zu umrühren. Das Basilikum entfernen. Die Tomatensauce durch ein feines Sieb passieren. Nochmals aufkochen und mit Salz, Zucker und etwas Pfeffer abschmecken.

SCHNELLER KRÄUTERDIP

Zutaten:

- 500 g Schmand
- 2 EL Petersilie
- 3 EL Schnittlauch
- 2 Knoblauchzehen
- Abrieb und Saft von 1 Zitrone
- Salz
- frisch gemahlener schwarzer Pfeffer
- 1 Prise Zucker

Zubereitung:

Den Schmand in eine Rührschüssel geben. Die Petersilie waschen, trocken schütteln und hacken. Den Schnittlauch waschen, trocken schütteln und in feine Ringe schneiden. Den Knoblauch schälen und reiben. Die Kräuter, den Knoblauch und den Zitronenabrieb und -saft zum Schmand geben und ordentlich verrühren. Mit Salz, Pfeffer und Zucker abschmecken und abgedeckt im Kühlschrank 1 Stunde ziehen lassen.

BLITZ-MAYONNAISE

Zutaten:
- 1 gekochtes Ei
- 200 ml neutrales Öl, z. B. Rapsöl
- 1 Spritzer Zitronensaft
- 1 TL Senf
- Salz
- frisch gemahlener schwarzer Pfeffer
- 1 Prise Zucker

- Stabmixer

Zubereitung:
Das Ei pellen und zusammen mit dem Rapsöl, dem Zitronensaft, dem Senf, Salz, Pfeffer und Zucker in das Gefäß geben. Jetzt den Pürierstab bis auf den Boden des Gefäßes absenken, auf voller Stufe einschalten und langsam nach oben ziehen.

Semis Tipp:
Gibt man 2–3 klein geschnittene Knoblauchzehen dazu, erhält man eine leckere Aioli.

SEMI RUB

Trockengewürzmischung für BBQ, Spareribs und Co.

Zutaten:

- 60 g Paprikapulver
- 30 g Meersalz
- 56 g brauner Zucker
- 2 TL Knoblauchpulver
- 30 g Chilipulver
- 30 g gemahlener Kreuzkümmel
- 30 g Senfpulver oder -körner
- 2 TL frisch gemahlener schwarzer Pfeffer
- 2 TL Cayennepfeffer

Zubereitung:

Für die Trockengewürzmischung einfach nur alles ordentlich miteinander vermischen und fertig!

PICKLE-FOND

Süßsaurer Einlegesud für Gemüse

Zutaten:

- 750 ml Wasser
- 600 ml Aceto balsamico bianco
- 500 g Zucker
- Koriandersaat, Sternanis und Wachholder nach Gusto

Zubereitung:

Alles zusammen einmal aufkochen, dann 10–15 Minuten köcheln lassen und fertig ist der Pickle-Fond!

FISCHFOND

Zutaten:

- 2 kg Fischgräten (z. B. von Seezungen, Wolfsbarsch, Steinbutt)
- 3 Stangen Staudensellerie
- 1 Fenchelknolle
- 1 Stange Lauch
- 3 Schalotten
- 1 Knoblauchzehe
- 1 EL Pfefferkörner
- 1 EL Olivenöl
- 250 ml Weißwein
- 3 l Wasser
- ½ Zitrone
- 2–3 Zweige Thymian
- 2 Lorbeerblätter
- 3–4 Gewürznelken
- 2 EL Meersalz
- 30 g Senfpulver oder -körner

Zubereitung:

Die Fischgräten in Stücke hacken und circa 15 Minuten gründlich wässern. Das Gemüse waschen, putzen und in grobe Stücke schneiden. Schalotten und Knoblauch schälen. Die Schalotten grob hacken. Die Pfefferkörner im Mörser grob zerstoßen. Das Öl in einem großen Topf erhitzen, das Gemüse und die Schalotten darin 1–2 Minuten andünsten. Die Gräten dazugeben und kurz mitdünsten. Mit Wein ablöschen und 3 Liter Wasser dazugießen. Die Zitronenhälfte in Scheiben schneiden und mit Knoblauch, Thymian, Lorbeerblättern, Nelken, Meersalz und Senfpulver oder -körnern dazugeben. Alles aufkochen und zugedeckt bei kleiner Hitze circa ½ Stunde köcheln lassen. Dabei den aufsteigenden Schaum gelegentlich abschöpfen.

Ein Sieb mit einem Tuch auskleiden und den Fond in einen anderen Topf passieren. Den Fond in Schraubgläser oder Gefrierboxen füllen. Die Gefäße gut verschließen, den Fond kühl aufbewahren oder einfrieren.

Im Kühlschrank hält er sich ein bis zwei Wochen, im Tiefkühlfach sechs bis acht Monate.

fachwerk
RESTAURANT

SEMIS STORY

Mein Name ist Semi Hassine.

Geboren wurde ich am 5. April 1977
als Sohn eines tunesischen Gastarbeiters
der Stahlindustrie in Osnabrück.

Mein Vater Fraj ben Ali Hassine, der damals bei Klöckner in Osnabrück arbeitete, musste berufsbedingt nach Hattingen umziehen, um dort auf der bekannten Henrichshütte als Kranführer zu arbeiten. Selbstverständlich hatte er die ganze Familie im Koffer. Das Ganze geschah 1983, was belegt, dass ich seit 36 Jahren im wunderschönen Ruhrtal in Hattingen lebe und arbeite.

Seitdem sind meine zwei Brüder Ali und Äymen und meine Schwester Miriam hinzugekommen. Unsere Mutter sorgte für eine ordentliche Erziehung, gutes Essen und viel Mutterliebe, während unser Vater in der Hütte arbeitete und für uns die Grundlage eines guten Lebens bereitete, wofür wir Kinder ihnen sehr dankbar sind.

Als Ältester der vier Kinder habe ich 1997 in Hattingen Abitur gemacht und war schon damals anderen Dingen zugeneigt als dem Tragen von Waffen. Nach dem zwangsläufigen Zivildienst, den ich im Evangelischen Krankenhaus Hattingen gemacht habe, um Leben zu retten, absolvierte ich eine Ausbildung zum Bauzeichner bei einem Landschaftsarchitekten in Hattingen.

Eckart Witzigmann, Koch des Jahrhunderts. Es war eine große Ehre, für ihn arbeiten zu dürfen.

Ursprünglich wollte ich Architektur studieren, was ich aber nach der abgeschlossenen Bauzeichner-Ausbildung wieder verworfen habe. Mir wurde sehr schnell klar, dass ich nicht der Bürohengst bin und stattdessen gerne mit den Händen Schönes mit Genusswert erschaffe.

Neben verschiedenen Auslandsaufenthalten und begonnenen Studiengängen arbeitete ich schon immer in der Gastronomie, die mich mehr und mehr in ihren Bann zog. Deshalb dauerte es dann auch nicht mehr lange, bis ich 2003 freiwillig eine Ausbildung zum Koch begann, als man mein Talent erkannte und mir diese Chance bot.

Den Grundstein für die Faszination für das Kochen legte offensichtlich meine Mutter Souad Hassine, die schon immer für alle täglich frisch kochte, wobei ich das Entstehen von Leckerem sehr genoss. Es ging in mich über. Wenn ich heute koche, fühle ich mich sehr glücklich und empfinde große Liebe und Dankbarkeit dafür, das so auch in meiner Kindheit schon erlebt haben zu dürfen. Dieses Glück erhalte ich mit meiner Frau Patrizia auch für unseren Sohn.

Damals bei meinen Eltern wurde stets am Vortag abgeklopft, was es denn am nächsten Tag zu essen geben sollte. Ohnehin war Essen stets ein sehr großes Thema bei uns zu Hause. Abgesehen davon aßen und essen wir auch heute extrem gerne. Dass es dann auch richtig lecker ist, zeigt sich in dem großen Wohlbefinden, das dadurch erzeugt wird. Das mit dem Genuss muss übrigens irgendwie in den Genen liegen, denn schon mein Vater verkaufte als fröhlicher junger Mann in Tunis gefüllte Bricktaschen am Strand, für die er sehr geschätzt wurde.

Daraus erschließt sich wohl auch meine Fähigkeit, keine schlechte Laune aufkommen zu lassen, auch wenn es einmal stressig wird. Das Herz kocht bei mir stets mit, und diese Haltung transportieren auch meine Mitarbeiter, was mich sehr stolz macht. Wertschätzung ist schon eine feine Sache.

Nach verschiedenen Stationen als Koch im In- und Ausland habe ich mich 2008 mit einem kleinen Restaurant auf einer Tennisanlage selbstständig gemacht, um ein eigenes Gefühl für die Selbstständigkeit und deren vielfältigen Prozesse zu verinnerlichen. Das war zwar kein kulinarisches Highlight, aber ich lernte viel dazu und eignete mir das Wissen an, was ich brauchte, um seit 2011 bis zum heutigen Tage mein Restaurant Fachwerk zu führen. Sicherlich ist stets jeder Anfang ein Wagnis, das sich in meinem Fall zu meiner großen Freude sehr positiv entwickelt hat. Es entstand nicht nur ein neues Restaurant in der Altstadt in Hattingen am Untermarkt, es bildete sich auch eine große Stammkundschaft, die sich anfühlt wie eine große Familie, für die ich jetzt kochen darf wie einst meine Mutter Souad – mit genauso viel Leidenschaft!

Meinen Kochstil kann man mit einem Wort beschreiben: lecker!

Meine Basis ist die ehrliche westfälische Küche mit Blutwurst, Bäckchen und Co., aber ich lasse den Blick gern in alle Himmelsrichtungen schweifen und lasse mich immer wieder neu inspirieren, was meinen Gästen sehr gefällt.

DANKSAGUNG

Nesmuk
Dank gilt dem Nesmuk-Team um Stephan Borchert für die menschliche Wertschätzung, die mir hier zuteil wird. Genau das ist wahrscheinlich auch ein Geheimnis dieser Manufaktur und ihrer Unikate. Wie ich mich selbst in der Schmiedekunst versuchte, seht ihr auf Seite 158. www.nesmuk.com

Dudson Geschirr
Zu Geschirr gewordene Kreativität mit Tradition. Hart wie Hattinger Stahl und doch so schön. Danke für die tatkräftige Unterstützung von Mike Kurzitza und Team. www.dudson.com

Gastro Guss
Bräter und Pfannen wie ein Gedicht und weil es aus der Heimat kommt, ein triftiger Grund mehr, Danke zu sagen für die Unterstützung an das Team um Andreas Meyer. www.gastroguss.de

Stadt Hattingen
Man wählt seine Heimat, wenn man sich dort wohl und angenommen fühlt. Das darf ich seit meiner Kindheit erleben und das genieße ich auch für meine eigene Familie, meine Frau Patrizia und unseren Sohn. www.hattingen.de

Henrichshütte
Besonderer Dank gilt dem ASV Henrichshütte Hattingen e.V. für die freundliche Kooperation zum Covershooting. Dieses Monument ist nicht nur ein Zeichen der Vergangenheit, sondern es repräsentiert unsere DNA im Pott und gehört auch zu meiner bewegten Familiengeschichte. www.asv-henrichshuette.de

Jennifer Braun Fotografie
Großer Dank gilt Jennifer Braun, die mit großer Kreativität und Geduld dieses köstliche Werk in Bilder fasste. www.jennifer-braun.de

Olaf Barken
Im Besonderen ein herzlichstes Dankeschön an Olaf Barken für seinen unermüdlichen, ja fast schon körperlichen Einsatz für dieses Buchprojekt. Ohne ihn wäre es nicht das geworden, was es ist. – Dicker Kuss, dein Semi

Südwest Verlag
Ich möchte mich an dieser Stelle beim Redaktionsteam um Vanessa Silbermann und Dr. Harald Kämmerer bedanken, das mir dieses Buch ermöglichte. Tolles Team!

REZEPTREGISTER

B
Bärlauchpesto 139
Basic-Geflügelbrühe 136
Basic-Tomatensoße 140
Beef-Tatar klassisch anders 30
Blitz-Hollandaise und -Béarnaise 137
Blitz-Mayonnaise 142
Blitz-Rote-Bete-Suppe 56
Blitz-Vinaigrette 135
Brokkoli-Taboulé 70

C
Chorba 47
Cremige Burrata 39
Currypaste 138
Currywurst Orient-Style 15

E
Eine Beize für alle Fälle 134
Exotische Kürbiscremesuppe 50

F
Feigen-Dattel-Dip 28
Fischfond 145
Fricassée Tunisienne 101

G
Garnelen und Pulpo 19
Gebackener Kabeljau 84
Gebratene Gänseleber 36
Gefüllte Bricktaschen 16
Gegrilltes Tomahawk Steak vom Rind 94
Geräuchertes Lachstatar 22
Gerösteter Nussbrownie 127
Geschmorte Lammhaxe 87
Geschmorte Ochsenbäckchen 78
Geschmortes Kurkuma-Ofenhähnchen 98
Grünkohl westfälisch 82

I
Ingwer-Muffin 120

K
Karamellisierter Ziegenfrischkäse 25
Kartoffelschaumsuppe 48
Kichererbsen-Salat 62
Kimchi 65
Klassischer Gänsebraten 102
Knusprig gebratenes Wolfsbarschfilet 93
Kräftige Rinderbrühe 54

L
Lasagne von Hattinger Blutwurst 27
Leichter Spargelsalat 35

M
Makrouna Salsa 90
Matjes auf Bohnen-Kartoffel-Salat 20
Mousse au Chocolat 116

P
Pasta Pappardelle 97
Pickle-Fond 144

R
Rote Grütze 124
Rotkohlsalat 73

S
Saftige Schokoladen-Dattel-Tarte 122
Scharfe Hühnersuppe 44
Schichtdessert 129
Schneller Kräuterdip 141
Semi Rub 143
Semis Massaman-Curry Beef 88
Shakshuka 109
Slata Meschwia 69
Sonntagsbraten Maghreb-Style 81
Spargelschaumsuppe 53
Steak Sandwich 110

V
Vanille-Crème-brûlée 119

W
Wildkräutersalat 66

ZUTATENREGISTER

A
Äpfel 27, 102, 104
Apfelkompott 102
Apfelkorn 102
Apfelsaft 102, 104
Aprikosen 129
Arganöl 19
Avocados 32

B
Backpflaumen 104
Bacon 32
Banane 15
Bärlauch 35, 139
Bauchspeck 82
Beeren 119, 124
Birnen 73
Blumenkohl 93
Blutwurst 27
Bohnen, frische 20
Brickteig 16
Brokkoli 70
–, wilder 93
Brot 28, 109, 110
Bulgur 70
Burrata 39

C
Champignons 44
Chilisauce 30, 32
Chilischoten 15, 27, 30, 32, 44, 50, 97, 109, 138
Chinakohl 65
Chorbanudeln 47
Couscous 19, 81
Cranberrys 73
Currypaste 19, 88

D
Daikon-Rettich 65
Datteln 28, 122
Dill, frischer 20, 22, 84, 134
Dorade 47

E
Eier 16, 22, 53, 69, 84, 101, 107, 109, 116, 119, 120, 122, 124, 127, 129, 137, 142
Eingelegte Gurken 101
Erdbeeren 116
Erdnüsse 88, 138
Esskastanien 107

F
Feigen 25, 28, 120
Feldsalat 36
Feta 62
Fischfond 50
Flank Steak 88
Frikkörner 47
Frischkäse 28
Frühlingszwiebeln 22, 30, 65

G
Galgant 44, 138
Galliano 119
Gans 102, 104
Gänsefond 104
Gänseklein 104
Gänseleber 36
Gänseschmalz 82, 102, 104
Garnelen 19, 50, 53, 97
Geflügelbrühe 48
Gemüsebrühe 19, 56
Gerstenschrot 47
Grana Padano 97
Granatapfelkerne 25, 70
Gremolata 87
Grünkohl 82
Gurke 84, 110
–, eingelegt 101

H
Hähnchenbrust 44
Hähnchenkeulen 90, 98
Haselnüsse 93, 129
Hefe 101
Hühnerbrühe 44
Hühnerschenkel 81

I
Ingwer 15, 27, 32, 44, 50, 65, 88,120

J
Johannisbeergelee 102

K
Kabeljau 84
Kaffirlimettenblätter 44, 88
Kalbsknochen 54
Kapern 16, 69, 101
Karamell 25, 66, 116, 119, 120, 127, 129
Karotten 48, 50, 54, 78, 81, 136
Kartoffeln 16, 20, 22, 27, 48, 78, 81, 84, 87, 88, 90, 98, 101, 107
Kassler 82
Kichererbsen 47, 62, 81, 90
Kirschtomaten 44, 87, 94

Knoblauchbutter 94
Kokosmilch 44, 50, 88
Kräuterbutter 94
Kürbis 50
Kürbiskerne 25, 50, 116
Kuvertüre 116, 122, 129

L
Lachs, geräucherter 22, 48
Lammkeule 87
Lauch 35, 47, 48, 54, 78, 94, 97, 136, 145
Limetten 30, 32, 44

M
Madeira 78
Mango 122
Maracujasaft 15
Markknochen 54
Maronen 107
Matjes 20
Meerrettich 22
Merguez-Würste 15, 109
Mettwürstchen 82
Milch 78, 87, 124
Minze 70, 119
Mungbohnenkeimlinge 44
Muskatkürbis 50

N
Nougat 129
Nudeln 90, 97
Nusskerne 32, 70, 73, 88, 93, 120, 127, 129

O
Ochsenbacken 78
Ochsenschwanz 54
Oliven 62, 101
Orangen 27, 102, 107

P
Palmzucker 88
Paniermehl 84
Paprika 50, 81, 109
–, gelbe 98
–, grüne 69
–, rote 90, 98
Parmigiano Reggiano 97
Passionsfrucht 32, 122
Pastinaken 73
Pekannüsse 32
Peperoni 90
Pflaumenmus 104
Pommes frites 15
Portwein 78
Preiselbeeren 102
Pulpo 19

R
Räucherlachs 22, 48
Rettich 30, 65

Riesengarnelen 53, 97
Rinderfilet 30
Rinderknochen 54
Rindfleisch 54, 81, 94
Rosinen 27
Rote Beten 56, 73
Rotkohl 73, 102
Rotwein 78, 116, 124
Rübenkraut-Sirup 102
Rucola 110
Rumpsteak 110

S
Sahne 48, 50, 53, 56, 93, 104, 107, 116, 119, 124, 129
Saiblingsfilet 35
Salatgurke 84
Sauerrahm 22, 28, 84, 110, 141
Sauerteigbrot 110
Schalotten 27, 32, 36, 50, 88, 93, 94, 136, 137, 145
Schmand 22, 28, 84, 110, 141
Sellerie 47, 48, 54, 78, 136
Sesamöl 30, 32
Shiitakepilze 44
–, eingelegte 93
Spargel 35, 53
Speck 32, 82
Staudensellerie 50, 145
Steak 88, 94, 110
Suppenfleisch 54

T
Tamarindenpaste 88
Thai-Schalotten 138
Thunfisch 16, 69, 101
Tomahawk Steak 94
Tomaten 15, 35, 39, 44, 69, 87, 94, 98, 109, 110, 140
–, getrocknete 19, 62

V
Vanilleschote 116, 119, 122, 124, 127, 129

W
Walnüsse 73, 120
Weißwein 122, 136, 137, 145
Wilder Brokkoli 93
Wildkräuter 25, 66
Wolfsbarschfilet 93

Z
Zartbitterkuvertüre 116, 122, 129
Zartbitterschokolade 127
Ziegencamembert 66
Ziegenfrischkäse 25
Zitronengras 44, 138
Zucchini 81, 98
Zucker, brauner 15, 25, 27, 66, 119, 143

IMPRESSUM

Projektleitung: Vanessa Silbermann, Dr. Harald Kämmerer

Textredaktion: Susanne Schneider

Koordination: Olaf Barken

Korrektorat: Barbara Kohl

Bildnachweis
Rezept- und People-Fotos: Jennifer Braun Fotografie, Köln; mit Ausnahme von S. 146 o., 148, 149 © privat

Illustrationen:
Bildmaterial von shutterstock/radoma

Umschlaggestaltung, Innenlayout, Satz: OH, JA! (www.oh-ja.com)

Herstellung: Elke Cramer

Reproduktion: Mohn Media Mohndruck GmbH, Gütersloh

Druck & Bindung: DZS Grafik d.o.o., Ljubljana

Printed in Slovenia

Penguin Random House Verlagsgruppe
FSC® N001967

ISBN 978-3-517-09989-7

www.suedwest-verlag.de

Willkommen bei Semi Hassine

Scan mich!

EIN GUTES MESSER HÄLT EIN LEBEN LANG

Erfolge in der Küche erzielt man nur mit guten Zutaten und dem richtigen Handwerkszeug. Ein hochwertiges Messer macht nicht nur Freude, sondern sorgt auch für bessere Ergebnisse. Wer ordentliche Qualität sucht, sollte nicht zu sparsam sein.

Das Messer ist eines der ältesten Werkzeuge der Menschheitsgeschichte. Ich arbeite gerne mit Messern von Nesmuk. In seiner Grundform entspricht das klassische Nesmuk Kochmesser einem 3.500 Jahre alten Messertyp. Inspiriert von der Ästhetik und dem Formverständnis dieses „Ur-Messers", wurde es neu interpretiert und perfektioniert. Damit kann man fast alle Schneidaufgaben erledigen, die in der Küche anfallen. Sie brauchen also nicht viele Messer in der Küche. Aber ein richtig gutes Messer sollte schon dabei sein.

Ein gutes Messer hält ein Leben lang! Das ist vor allem eine Frage der Herstellung. Hier zählen die Qualität der Rohstoffe und die handwerkliche Verarbeitung mit Herz, Verstand und Traditionsbewusstsein. Auch wenn man das Schmiedehandwerk den Profis überlassen sollte, so habe ich mich bereits beim Messerschmieden ausprobieren können. Jetzt habe ich noch mehr Respekt für dieses uralte Handwerk. Ich sehe darin einen Gegenentwurf zu Massenproduktion, Massenanbau, Massentierhaltung. Solche Messer werden mit viel Liebe und viel Zeit hergestellt und sie sind dafür gemacht, dauerhaft und verlässlich im Einsatz zu sein. Gute Köche haben Achtung vor Lebensmitteln. Sie haben den notwendigen Respekt und arbeiten mit größter Sorgfalt und Hingabe. Behandeln Sie Ihr Werkzeug also mit Respekt, vor allem dann, wenn es auch mit großem Respekt hergestellt wurde.

Nesmuk

EBENFALLS IM SÜDWEST VERLAG ERSCHIENEN

ISBN 978-3-517-09860-9

ISBN 978-3-517-09917-0

südwest